AF636893

Hans Michael Engelke

SPANIEN

auf dem Motorrad entdecken

Biker Betten
Motorrad Reisebuch

WWW.ENGELKE.TV

Hans Michael und Angelika Engelke sind begeisterte Motorradjournalisten und Fotografen.

Spanien, schon seit Jahrzehnten, seit Kiki und ich gemeinsam auf Reisen gehen, gehört das Land zu unseren regelmäßigen Zielen. Schon Ende der 1970er Jahre waren wir jenseits der Pyrenäen mit unserem gerade mal 50 PS starken und klapprigen VW-Bus unterwegs, später tourten wir einige Jahre mit dem Wohnmobil über die Iberische Halbinsel. Und natürlich haben wir Spanien über all die Jahre auch unzählige Male mit dem motorisierten Zweirad erkundet.

Es gibt viel zu entdecken in Spanien. Das Land ist etwa 40 Prozent größer als Deutschland und unglaublich abwechslungsreich. Faszinierende Gebirgsregionen, weitläufige Hochebenen, die wohl einzige echte Wüstenlandschaft Europas und wirklich bildschöne Küstenregionen wollen erkundet werden. Dazu kommt: Die südländische, offene Mentalität der Menschen macht es einfach, sich wohl und willkommen zu fühlen. Und ein ganz klein wenig locken ja auch die kulinarischen Genüsse und die köstlichen Weine Spaniens

Gerade für Motorradfahrer ist Spanien ein echtes Eldorado und eine verlockende Alternative zu den vielen bekannten und teils schon überfüllten Strecken im Alpenraum. Die mächtigen Gebirgsketten des Landes bieten nicht minder faszinierende Bergstraßen, man freut sich über Besucher und die Akzeptanz und das Interesse gerade Motorradfahrern gegenüber ist in Spanien enorm groß.

Dazu kommt, dass es sich auf der Iberischen Halbinsel auch dann noch hervorragend Motorradfahren lässt, wenn diesseits der Pyrenäen herbstlicher Regen oder die winterliche Kälte die Mitte Europas schon fest im Griff haben.

Ein bunter Querschnitt

Für dieses Buch haben wir zehn Regionen ausgesucht, die einen bunten Querschnitt dessen darstellen, was den Motorradfahrer in Spanien erwartet. Die Pyrenäen haben wir dabei bewusst ausgelassen. Dieser faszinierenden Bergkette und den unzähligen Möglichkeiten dort haben wir schließlich in dieser TVV-Buchreihe bereits einen eigenen Band gewidmet (*Motorrad Reiseführer Pyrenäen und Costa Brava / ISBN 978-3-937063-39-3*), wie auch der attraktiven Motorrad-Insel Mallorca (*Motorrad Reiseführer Mallorca mit Ibiza & Barcelona /ISBN 978-3937063515*), die ja bekanntlich auch zu Spanien gehört.

Wir sind überzeugt: In diesem Buch entdeckt jeder etwas Neues. Beispiele gefällig? Die nahezu menschenleere Sierra de la Demanda ist perfektes Motorradfahrerland, aber kaum jemand kennt sie. Das geschichtsreiche Aragón bietet weit über seine weltbekannte Rennstrecke hinaus noch viele Ziele für den reisenden Motorradfahrer und der Camino de Santiago, eigentlich als Pilgerweg in aller Munde, ist auch als Motorrad-Destination ein echter Hammer.

Aber auch die wohlbekannten Ziele wie Andalusien im Süden oder die Picos de Europa in Spaniens Norden halten jede Menge Überraschungen bereit. Obwohl Kiki und ich dort schon Abertausende von Kilometern unterwegs waren, entdecken auch wir jedes Mal wieder Neues und Aufregendes.

Anreise ist Urlaub pur

Ja, Spanien liegt nicht direkt vor der Haustüre. Zwischen den Grenzen Deutschlands und Spaniens liegen wenigstens 900 Kilometer Strecke. Macht doch aber nichts. Die Anreise durch das reizvolle Südfrankreich ist ja bereits Urlaub pur und für die erste Übernachtung sollte man es schon locker bis zum Mittelmeer geschafft haben. Und wer dann doch die Anreise scheut, findet im Internet eine große Zahl Anbieter, die im sonnenverwöhnten Spanien Motorräder verleihen und mit dem Flieger ist man im Nullkommanix dort.

Es wäre prima, wenn wir viele Motorradreisende mit diesem Band nicht nur auf das tolle Land Spanien neugierig machen und einstimmen, sondern auch zum erfolgreichen Gelingen der einen oder anderen Spanientour beitragen können. Umso mehr würden wir uns über Rückmeldungen und Kontakte freuen.

Wir laden herzlich ein zum virtuellen Treffen auf unserer Internetseite **www.engelke.tv**. Oder vielleicht treffen wir uns ja auch im echten Leben draußen auf der Straße, in Spanien oder sonst irgendwo im schönen Europa. Das würde uns sehr freuen!

Bis dahin, wir wünschen eine gute Reise und ganz viel Spaß im sonnigen Spanien.

Hans Michael und Angelika Engelke

A Coruña
Oviedo/Uviéu
10
Santander
Santiago de Compostela
Lugo
9
León
Vigo
Ourense
Burgos
Palencia
1
Bragança
Valladolid
Braga
Zamora
Vila Real
Porto
Salamanca
Segovia
Aveiro
Viseu
Ávila
Guarda
Madrid
8
Talavera de la Reina
PORTUGAL
Toledo
Leiria
Cáceres
Santarém
Portalegre
ESPAÑA
5
Ciudad Real
Badajoz
Mérida
Lisboa
Évora
Beja
Córdoba
Jaén
Sevilla
Huelva
Granada
Faro
7
Málaga
Cádiz
Marbella
Tanger طنجة

1 SIERRA DE LA DEMANDA

2 BARDENAS REALES

3 ARAGÓN

4 BASKENLAND

5 KASTILIEN-LA MANCHA

6 ANDALUSIENS OSTEN

7 ANDALUSIENS WESTEN

8 EXTREMADURA

9 CAMINO DE SANTIAGO

10 PICOS DE EUROPA

Alto de **Velefique**

Die unvergleichliche Passstraße über den Alto de Velefique zwischen den Orten Velefique und Bacares ist landschaftlich und fahrerisch ein einmaliges Erlebnis.

GPS 7.225708, -2.411377

Picos de **Europa**

Gleich östlich des Naturparks der Picos de Europa, ganz in der Nähe des Stausees Embalse de la Cohilla, führen fantastische Kehren und Kurven durch aussichtsreiches Bergland.

GPS 43.134927, -4.389958

Bardenas **Reales**

Die Landschaft der Halbwüste Bardenas Reales im Süden Navarras ist einzigartig in Europa, mitten hindurch führen staubige und abenteuerliche Routen.

GPS 42.209733, -1.515110

El **Torcal**

Die Fahrt hinauf in den Naturpark Torcal de Antequera beschert fantastische Ausblicke in die Sierra de Chimenea und führt mitten durch skurrile Felsformationen hindurch.

GPS 36.964243, -4.510901

Einige Landschaften Spaniens zeigen sich bergig und einsam.

E viva España

Spanien ist ein geschichtsreiches Land und bietet für Reisende in jeder Beziehung reichlich Abwechslung.

Spanien liegt im Südwesten Europas südlich der Pyrenäen auf der Iberischen Halbinsel, von deren Fläche Spanien etwa 85 Prozent belegt. Das Land ist eine parlamentarische Erbmonarchie. Das bedeutet, dass es zwar einen Monarchen gibt, derzeit ist das König Felipe VI., der hat allerdings so gut wie keine Machtbefugnisse, sondern nimmt hauptsächlich repräsentative Aufgaben wahr.

Spanien hat eine sehr bewegte Geschichte. In frühgeschichtlicher Zeit siedelten dort Iberer, Kelten und Basken, es folgten die Phönizier, Römer, Goten und die Franken. Im 8. Jahrhundert eroberten die aus Nordafrika einrückenden Mauren die Iberische Halbinsel und prägten das Land.

Das ist heute in Andalusien noch weitgehend sichtbar. Mit dem Fall Granadas 1492 war das maurische Zeitalter in Spanien zu Ende. Nach der Rückeroberung tobte die Spanische Inquisition, Spanien wurde eine wichtige Seemacht und baute ein Ko-

lonialreich auf. Anfang des 19. Jahrhunderts erlangten die Kolonien ihre Unabhängigkeit, Spanien verlor im Lauf der Zeit seine Bedeutung und war zu Beginn des 20. Jahrhunderts ein eher rückständiges Agrarland.

Ab 1923 war das Land kurzzeitig Militärdiktatur, wurde dann wieder Republik. Es kam zu innenpolitischen Unruhen. 1936 putschte das Militär unter Franco und im Spanischen Bürgerkrieg setzte sich dieser mit Hilfe der Faschisten aus Italien und Deutschland an die Spitze. 1947 erneuerte Franco die Monarchie und nach dem Tod des Diktators 1975 begann im Land ein Demokratisierungsprozess.

Während der 1980er Jahre trat Spanien der NATO und der EU bei. Mit der Wirtschaft ging es bergauf. Seit dem Übergang zur Demokratie erleben die Spanier heute regelmäßige Machtwechsel zwischen Konservativen und Sozialdemokraten.

STRUKTUR

Spanien gliedert sich in 17 Autonome Gemeinschaften, vergleichbar mit den deutschen Bundesländern. Asturien, Kantabrien, Navarra, La Rioja, Madrid, Murcia und die Balearen bestehen jeweils aus nur einer Provinz, die übrigen dieser Autonomen Gemeinschaften bestehen aus mehreren Provinzen, insgesamt gibt es 50 Provinzen. Zusätzlich gibt es noch die beiden Autonomen Städte Ceuta und Melilla auf nordafrikanischem Boden.

Im Baskenland an der Biskaya am Atlantik und in Katalonien im Nordosten Spaniens rund um Barcelona gibt es Autonomiebestrebungen, die

Römische Brücke bei Alcántara.

Ein Beispiel für den Kurventaumel in den Pyrenäen.

zu zahlreichen Konflikten führen, insbesondere im Baskenland.

Spanien grenzt an den Pyrenäen im Norden an Frankreich und an den Kleinstaat Andorra. Im Südwesten der Iberischen Halbinsel hat Spanien eine gemeinsame Grenze mit Portugal. Zum Staatsgebiet Spaniens gehören noch die im Mittelmeer gelegenen Balearen, also Mallorca, Menorca, Ibiza, Formentera und Cabrera, und die Kanarischen Inseln im Atlantik sowie die beiden Autonomen Städte Ceuta und Melilla und einige weitere kleine Inseln. An der Südspitze der Iberischen Insel wird von Spanien die Halbinsel Gibraltar beansprucht. Diese ist jedoch britisches Überseegebiet.

GEBIRGE

In Spanien gibt es sechs mächtige Gebirge, fünf davon verlaufen in Ost-West-Richtung. Im Norden liegen die bis zu 3 400 Meter hohen Pyrenäen, die Spanien vom Rest Europas abgrenzen. Westlich davon schließt sich das Kantabrische Gebirge an. Es liegt mit bis zu 2 600 Metern Höhe an der Nordküste. Seine höchsten Gipfel sind die Picos de Europa.

Etwa mittig der Halbinsel liegt das Kastilische Scheidegebirge, dessen höchste Gipfel in der Sierra de Gredos 2600 Meter Höhe erreichen. Weiter südlich verläuft die bis zu 1300 Meter hohe Sierra Morena, die die Nordgrenze Andalusiens bildet. Ganz im Süden an der Mittelmeerküste liegt die Betische Kordillere, deren höchster Gipfel, der Mulhacén in der Sierra Nevada, mit 3482 Metern Höhe den höchsten Punkt des spanischen Festlands markiert.

Als sechstes Gebirge und einzige Bergkette in Richtung Nordwest nach Südost gilt das bis zu 2300 Meter hohe

Iberische Randgebirge etwa zwischen den Pyrenäen und der Landesmitte.

SPRACHE

Spanisch ist die offizielle Amtssprache im gesamten Staatsgebiet. In Katalonien, Valencia und auf den Balearen wird jedoch auch Katalanisch als zweite Amtssprache gesprochen. Im Baskenland und Navarra ist das Baskisch und im Nordwesten in Galicien das Galicisch ebenfalls anerkannt. Als Exot hat das Aranesisch im Val d'Aran ebenfalls einen offiziellen Status. Zudem gibt es eine große Anzahl regionaler Dialekte. Insbesondere ältere Spanier sprechen in der Regel keine Fremdsprache, junge Leuten meist aber Englisch. In Grenznähe zu Frankreich sind oft auch Französischkenntnisse vorhanden. Wir persönlich haben die Erfahrung gemacht, dass zur freundlichen Kontaktaufnahme ein paar einfache Vokabeln und Grußformeln reichen, alles andere hat stets mit Händen und Füßen geklappt.

MOTORRADFAHREN

Generell gilt in Spanien die Mitnahmepflicht für den Führerschein und den Fahrzeugschein, beziehungsweise die Zulassungsbescheinigung Teil I. Zudem sollte man sich mit einem Personalausweis oder Reisepass ausweisen können. Für den Fall eines Unfalles, auch bei Fremdverschulden,

Fahrt durch den Parque Natural de Monfragüe.

Tolle Straße umgeben von rauer Bergwelt bei Meguinenza.

macht eine Grüne Versicherungskarte die Abwicklung vor Ort einfacher. Fährt man ein Motorrad, das einem nicht gehört, sollte man eine schriftliche Erlaubnis des Fahrzeugbesitzers – beispielsweise des Vermieters – mitführen. Verbandszeug und Warnweste sind in Spanien nur für Autofahrer Pflicht, Motorradfahrer müssen beides nicht mitführen. Unsere persönliche Meinung: Beides nimmt kaum Platz weg, ist aber ungemein sinnvoll. Es besteht eine allgemeine Helmpflicht für Motorradfahrer. Zugelassen sind ausschließlich Helme mit der ECE-Norm 22.

Generell gelten innerorts 50 km/h, außerorts 90 km/h. Auf Schnellstraßen sind oft 100 km/h ausgeschildert, auf Autobahnen darf 120 km/h gefahren werden. Ein kurzes Wort zum Thema Geschwindigkeitsverstoß: Lassen wir die Kirche im Dorf, ein paar Kilometer zu schnell können passieren, das ist auch in Spanien kein Drama. Wird es allerdings richtig schnell, wird es auch richtig teuer. 20 km/h über dem Limit kosten schon mal 100 Euro und dank internationaler Verträge wird auch in Deutschland der spanische Strafbefehl vollstreckt, sofern er über einer Grenze von 70 Euro liegt.

Wer zum Beispiel mit 50 km/h zu schnell geblitzt wird, zahlt Minimum 600 Euro, ein teures Vergnügen. Teuer kann es übrigens inzwischen auch werden, wenn man als Enduristen in Naturschutzgebieten die Sau raus lässt. Offroad geht viel in Spanien, aber bitte mit Bedacht. Wir persönlich haben die spanische Polizei, sowohl die Guardia Civil als auch die Policia Local, uns gegenüber stets als korrekt und entspannt kennengelernt. Bekanntlich schallt es aus dem Wald heraus, wie man hineinruft.

Im Allgemeinen gelten viele Spanier als sehr motorsportaffin und motorradbegeistert. Man beachte: allein vier MotoGP-Läufe im Jahr in Spanien. Die Akzeptanz auf dem Motorrad ist sehr hoch, schnell ist man im Gespräch oder das Mopped wird interessiert unter die Lupe genommen. Es gibt viele Motocross- und Rennstrecken, ein Mekka ist diesbezüglich Almeria – siehe Kapitel 6.

Für Motorradreisende ist Spanien ein Traum. Viele Regionen sind ein Ganzjahresziel und kaum ein Land Europas bietet dermaßen viel Abwechslung wie Spanien. Hochgebirge wie die Pyrenäen, die Picos de Europa oder die Sierra Nevada sowie weitere Bergzüge bieten unglaublichen Kurvenspaß auf tollen Straßen. Andalusien oder das Hochland von Kastilien, die Meseta, sind Landschaften wie aus einer anderen Welt, perfekt für Entdeckungsreisen. Die Mittelmeerküste ist das Urlaubsmekka schlechthin und eigentlich gar nicht so weit weg. Ihr Hinterland bietet reichlich Möglichkeiten für spannende Tagesausflüge.

KULINARISCHES

Wenn es um das leibliche Wohl geht, ist eine einheitliche Beschreibung über ganz Spanien hinweg einfach nicht machbar. Zu unterschiedlich sind die Regionen, zu unterschiedlich auch die regionalen Gewohnheiten.

So lebt natürlich die baskische Küche und die des Mittelmeeres wie viele andere Küstenregionen unter anderem von Fisch und Meeresfrüchten. Da wäre zum Beispiel die Ttoro, eine schmackhafte Fischsuppe. An den Küsten Spaniens reihen sich einladende Restaurants und Bars aneinander. Wer frische Meeresfrüchte und Fischgerichte liebt, kommt hier auf seine Kosten, egal ob gekocht, gebraten oder gegrillt. Ein Muss sind die

In Spanien schmeckt alles lecker, insbesondere die Fisch- und Meeresfrüchte.

legendären Anchovis oder Anchoas, die köstlichen eingelegten Sardellen – perfekt auch zum Picknick.

Natürlich locken an der Küste auch die schmackhaften Gambas, die Garnelen oder der bekannte Bacalao, der als Stockfisch zubereitete Kabeljau. Diese Köstlichkeiten gibt es oft auch als Tapas. Die Bullinada, eine Fischsuppe mit Kartoffeln oder die Bouillabaisse und das Ratatouille finden sich in Küstennähe ebenso wie viele

Am Ende der Welt gibt es köstliche Bratwurst.

andere Leckereien mit Tomaten, Auberginen und Oliven.

Im Binnenland empfehlen wir Freunden des Deftigen den La Mounjetado: Bohneneintopf mit Wurst oder Geflügel und Schinkenspeck. Calderete, der gute Eintopf aus Fleisch, Gemüse und Kartoffeln, überzeugt ebenfalls im Landesinneren. Wie auch in der Extremadura-Runde (Tour 8) erwähnt, findet sich dort Jamón Ibérico, der köstliche Räucherschinken.

In Aragon sollte man unbedingt mal Ternasco probieren, zartes Lammfleisch – das gibt es auch als Eintopf und nennt sich dann Frito de Cordero. Die rauschenden Bergbäche Spaniens beheimaten zudem köstliche Forellen. Die frische Forelle mit Schinken, Trucha a la Navarra, ist meist ein Gedicht. Köstlich finden wir übrigens auch immer wieder die frisch zubereiteten Salate. Ein einfacher Tomatensalat mit Olivenöl und frischem Brot ist quasi die Pflicht, der Ensalada Aragon mit Tomaten, Zwiebeln, Oliven und Schinken die Kür.

Mehr oder weniger Nationalgericht ist in Spanien die Paella. Es gibt sie in vielen unterschiedlichen Variationen. Grundsätzlich besteht sie aus Reis, der mit Safran gelb eingefärbt ist. Gemüse, helles Fleisch wie Huhn oder Kaninchen, Fisch, Meeresfrüchte, manchmal auch Schnecken oder Ente finden sich als Zutaten. Die Paella wird in einer großen Pfanne zubereitet und mit Salz, Knoblauch, Rosmarin und weiteren „geheimen" Zutaten gewürzt. Bisweilen findet man übrigens auch die Paella de Verdura, eine vegetarische Gemüse-Paella.

Wie wäre es übrigens mal mit einem süßen Frühstück? In Spanien werden üblicherweise nicht nur leckere Kuchen dazu serviert, es gibt auch die leckeren Churros. Das sind Zimtkringel, die in Schokolade getunkt werden – guten Appetit.

Noch ein Wort zu Tapas: Spanien, das ist natürlich überall das Land der Tapas, der kleinen Appetithäppchen. Die Spielarten der Tapas sind unzählbar, das kann ein Stückchen Schinken mit Olive sein, eine frittierte Sardelle, ein Fleischstückchen mit Soße, ein Stück Käse, eine speckummantelte Pflaume, einfach alles, was schmeckt. Tapas werden üblicherweise in Tapas-Bars oder Bodegas serviert. Eigentlich werden sie meist mit einem Bier, Wein oder einem Sherry serviert und sind eine kostenlose Beilage zum Getränk. Oft werden sie jedoch auch als eigene Mahlzeit geordert. Das ist dann eine Ración, eine größere Menge oder eben ein Pincho – im Baskenland Pintxo – mit einer aufwendigeren Zubereitung.

Zu den Weinen: Es gibt derzeit in Spanien rund 65 Bezirke mit anerkannter Herkunftsbezeichnung, die für hervorragende Weine stehen. Das Land hat mit etwa 967 000 Hektar die größte Weinanbaufläche der Welt, die von gut und gern 150 000 Winzern bewirtschaftet wird. Es würde den Rahmen dieses Buches sprengen, Empfehlungen zu geben, zu unterschiedlich sind auch die regionalen Angebote. Mit einem guten Hauswein macht man in der Regel beim Essen nichts verkehrt. ◂

Blick in den Delikatessenladen in Llanes.

Allein im **Wald**

Eine der einsamsten Landschaften Spaniens ist die Serranía Celtibérica. In ihrem Nordosten liegt die Sierra de la Demanda, eine menschenleere Region, die mit fantastischen Bergstrecken, aussichtsreichen Pässen und bildschönen Dörfern aufwartet – die perfekte Motorradregion.

Kurvenreich geht es durch das Umland von Pradoluengo.

TOUREN-STECKBRIEF

BASISORT
Quintanar de la Sierra (41.981154, -3.041381)

STRECKENLÄNGE
ca. 265 km

DAUER DER TOUR
1 – 2 Tage

ROADBOOK
Quintanar de la Sierra, Covaleda, Molinos de Duero, Vinuesa, Puerto de Santa Ines, Montenegro de Cameros, Puerto de Montenegro, Viniegra de Abajo, Anguiano, San Millán de la Cogolla, Santo Domingo de la Calzada, Belorado, Pradoluengo, Embalse de Arlanzon, Puerto del Manquillo, Barbadillo del Pez, Salas de los Infantes, Covarrubias, Desfiladero de La Yecla, Santo Domingo de Silos, Salas de los Infantes, Castrillo de la Reina, Quintanar de la Sierra

HIGHLIGHTS
Zu den Highlights dieser Runde gehört ganz sicher die Fahrt über aussichtsreiche Bergstraßen rund um den Puerto de Santa Ines (42.037778, -2.784736).

Auch im Nordwesten der Tour locken herrliche Straßen rund um den Pass El Maquillo (42.179204, -3.226459).

Die spannende Durchfahrt durch die Schlucht Desfiladero de La Yecla mit ihren steilen Felswänden und Tunneln ist ein Muss (41.950407, -3.442613).

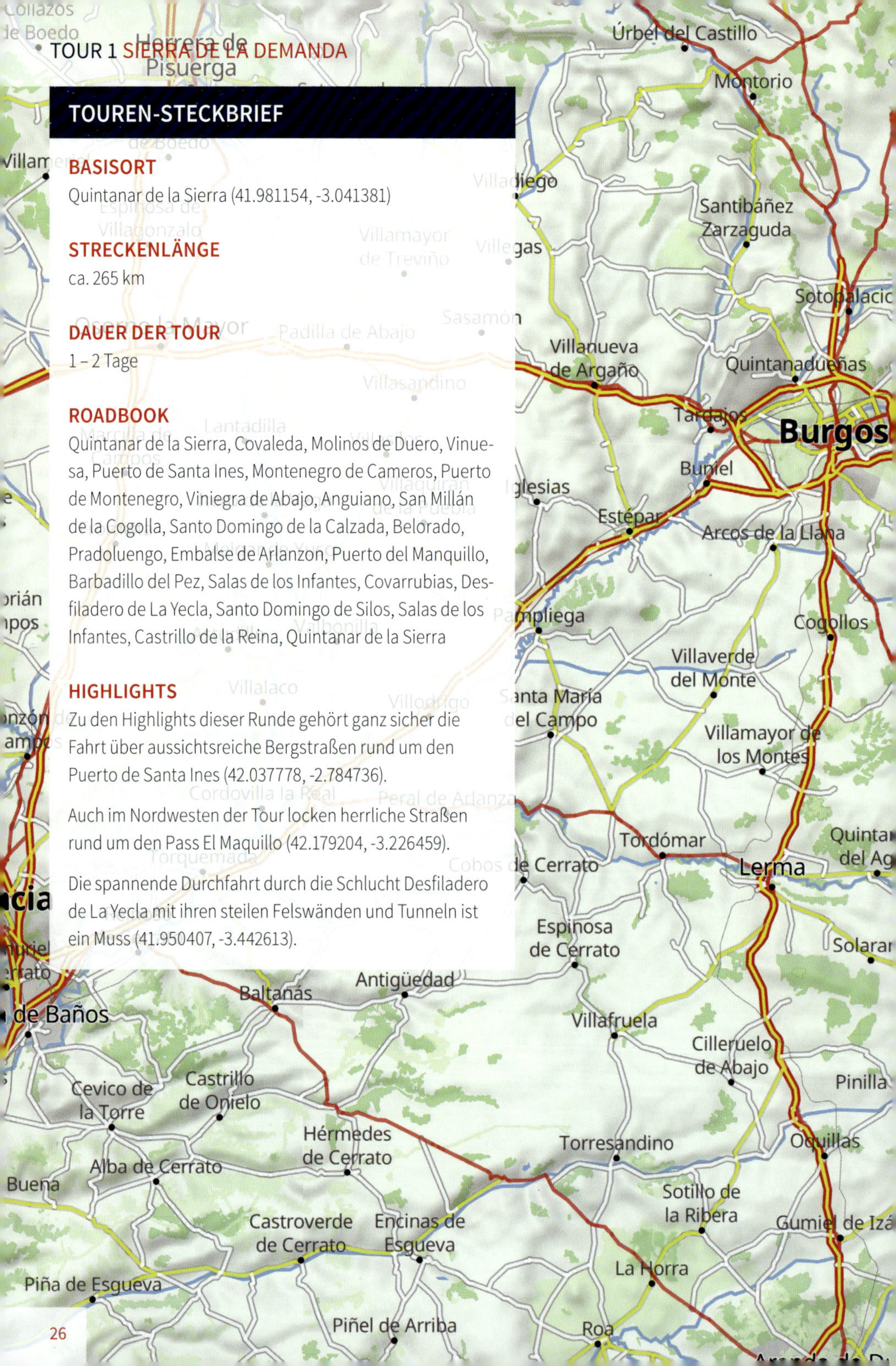

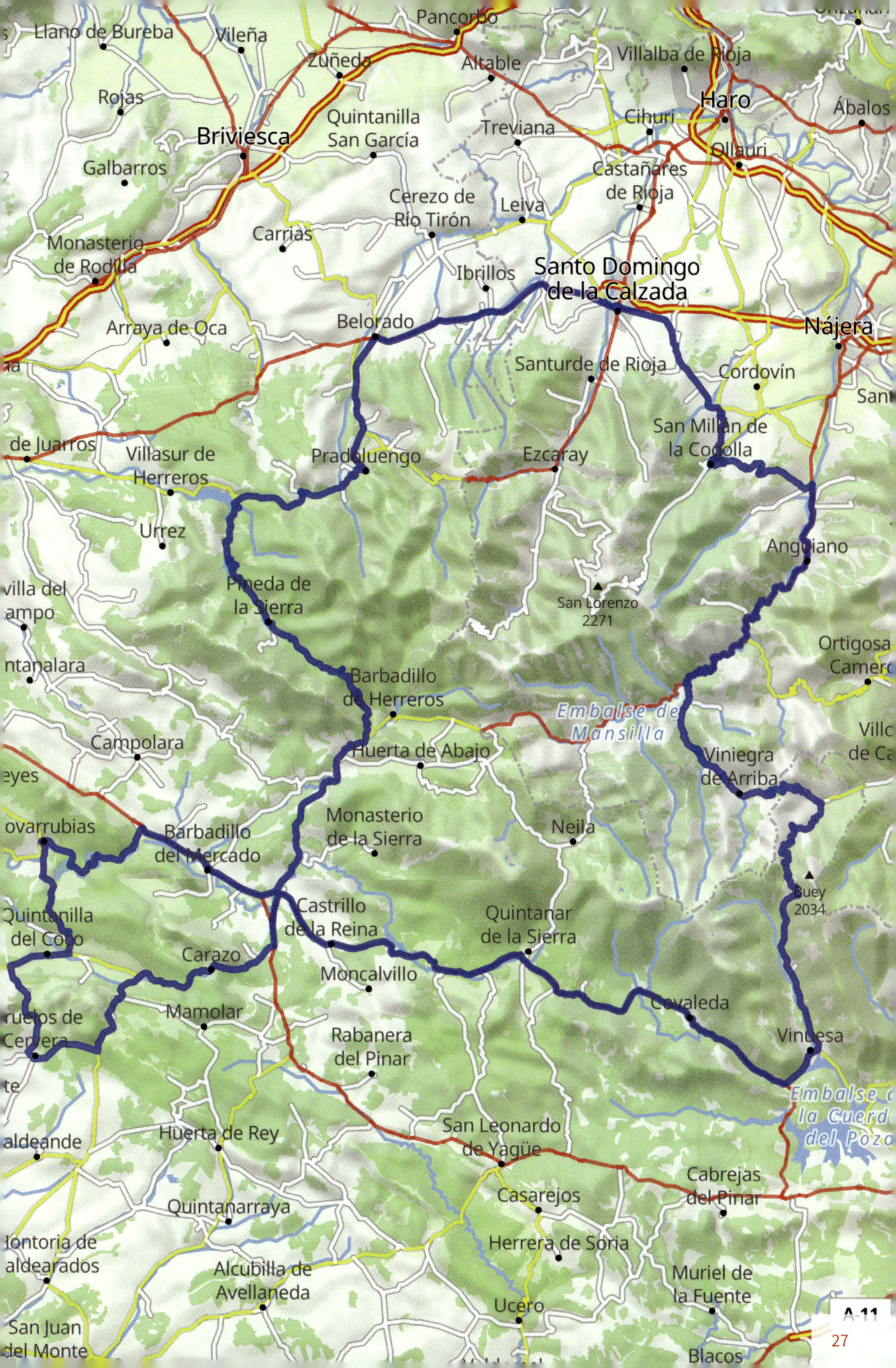
Llano de Bureba
Vileña
Pancorbo
Zuñeda
Altable
Villalba de Rioja
Rojas
Haro
Ábalos
Quintanilla San García
Treviana
Cihuri
Briviesca
Ollauri
Galbarros
Castañares de Rioja
Cerezo de Río Tirón
Leiva
Monasterio de Rodilla
Carrias
Ibrillos
Santo Domingo de la Calzada
Arraya de Oca
Belorado
Nájera
Santurde de Rioja
Cordovín
San Millán de la Cogolla
de Juarros
Villasur de Herreros
Pradoluengo
Ezcaray
Urrez
Anguiano
villa del ampo
Pineda de la Sierra
San Lorenzo
2271
Ortigosa
ntanalara
Barbadillo de Herreros
Embalse de Mansilla
Campolara
Huerta de Abajo
Viniegra de Arriba
ovarrubias
Monasterio de la Sierra
Neila
Barbadillo del Mercado
Buey
2034
Quintanilla del Coco
Castrillo de la Reina
Quintanar de la Sierra
Carazo
Moncalvillo
Covaleda
Mamolar
Vinuesa
Rabanera del Pinar
Embalse de la Cuerda del Pozo
Huerta de Rey
San Leonardo de Yagüe
aldeande
Cabrejas del Pinar
Casarejos
Quintanarraya
Herrera de Soria
Alcubilla de Avellaneda
Muriel de la Fuente
San Juan del Monte
Ucero
A-11
Blacos

Die Felswände der Sierra sind echte Eidechsenparadiese.

Sie hat es einfach nicht verdient, dass sie so gut wie niemand kennt – die Sierra de la Demanda. Dabei ist die Region im mittleren Norden Spaniens etwas unterhalb des Baskenlandes das perfekte Motorradfahrerland. Drei mächtige Berggipfel um die 3000 Meter Höhe und zwei der größten Flüsse Spaniens sorgen für eine zerklüftete Berglandschaft. Und nicht zuletzt gehört die Sierra de la Demanda zum sogenannten Serranía Celtibérica, dem keltiberischen Bergland, einem bergigen und nahezu menschenleeren Gebiet, das auch unter der Bezeichnung Laponia Española firmiert; also Spanisch-Lappland. Die besten Voraussetzungen für abwechslungsreiche und spannende Entdeckertouren.

Unsere beginnt in Quintanar de la Sierra. Das kleine Dorf mit seiner schönen Plaza Mayor vor dem auf Arkaden thronenden Rathaus ist der ideale Ausgangspunkt für Streifzüge durch die Sierra. Auf der CL-117 verlassen wir Quintanar in Richtung Osten, düsen entlang der schnurgeraden, gut ausgebauten Landstraße. Die taucht aber bald schon in dichten Wald ein und überrascht mit den ersten Kurven. Jetzt am frühen Morgen ist der Asphalt hier und da noch etwas feucht.

Und auch wenn diese Straße schon seit langer Zeit eine nicht ganz unwichtige Handelsverbindung zwischen Soria und Burgos darstellt, hält sich der Verkehr in Grenzen. Covaleda bietet

sich an für den obligatorischen Kauf diverser Picknick-Zutaten, dann haben wir schon bald Molinos de Duero erreicht und damit die Abzweigung nach Vinuesa.

Pranger vor der Kirche

Im schönen Vinuesa lassen wir es uns nicht nehmen, der über 500 Jahre alten Kirche mit dem klangvollen Namen Iglesia de Nuestra Señora del Pino einen Besuch abzustatten. Nicht gerade als eifrige Kirchgänger bekannt, interessiert Kiki und mich aber viel mehr der auf einem Platz vor der Kirche stehende Pranger. Andächtig stehen wir vor der Gerichtssäule, an der seit 1776 nicht nur geltendes Recht gesprochen, sondern auch vollzogen wurde. Wir wollen gar nicht wissen, was dieser Platz schon alles gesehen hat. Vor allem, wenn man bedenkt, dass die Inquisition in Spanien erst im Jahr 1834 abgeschafft wurde.

Nördlich von Vinuesa führt die SO-830 durch die dichten Wälder der Sierra del Portillo de Pinochos. Wir haben die wichtige Verbindungsstraße nach Soria hinter uns gelassen und schlagartig ebbt auch noch das bisschen Verkehr ab, was uns bisher begleitete. So ziemlich allein rauschen wir durch das Bergland. Dafür ist die Straße perfekt ausgebaut. Griffiger Asphalt und weite Kurven laden zum Spaß haben ein. Entspannte Schräglagen reihen sich aneinander. Rechterhand ragen zwei, drei kahle Berggipfel in den Himmel, Nadelbäume huschen an uns vorbei, es riecht nach Wald und

Bei Quintanar kurvt man entlang dichter Waldgebiete.

AUTOREN-TIPP

DIE SIERRA DE LA DEMANDA ist eine Landschaft und gleichzeitig eine Comarca – ähnlich einem deutschen Landkreis – im Iberischen Gebirge. Sie liegt mittig auf der Iberischen Halbinsel, etwa 150 Kilometer südlich der Biskaya-Küste bei Bilbao. Die drei höchsten Berge sind der Pico San Lorenzo mit 2 271 Metern, der Pico San Millán mit 2 131Metern und der 1932 Meter hohe Pico de la Mencilla. Mit dem Rio Ebro und dem Duero entspringen zwei der längsten Flüsse Spaniens in den Bergen der Sierra. In den Bergen gibt es einige schöne Wanderwege, die gut ausgeschildert sind und sich auch für Mountainbiketouren anbieten. Für Radfahrer interessant ist auch der über 50 Kilometer lange Radweg Via Verde de la Sierra de la Demanda, der entlang einer ehemaligen Bahnstrecke verläuft. Passionierte Wanderer durchqueren die Sierra de la Demanda auf dem Fernwanderweg GR82. Der 270 Kilometer lange, anspruchsvolle und abwechslungsreiche Weg startet in Pineda de la Sierra und endet in Barbadillo. In der gesamten Sierra de la Demanda leben weniger als 10 000 Menschen, die sich hauptsächlich auf eine Handvoll Dörfer am Rand der Sierra verteilen. Zentral gibt es nur einige wenige Weiler und Dörfchen, davon wurden bereits mehrere komplett aufgegeben.

Tannengrün. Noch ein paar Kurven, dann rollen wir am Puerto de Santa Ines in 1 753 Meter Höhe aus.

Einen tollen Ausblick bietet die Passhöhe. Im Winter befördert hier ein Skilift die Urlauber auf den Gipfel, gleich gegenüber liegt ein einladendes Restaurant mit aussichtsreicher Terrasse. Warum es gerade jetzt, Mitte Juni, leider geschlossen hat, erschließt sich uns nicht wirklich. Schade. Dafür wissen wir jetzt, weshalb die Straße in diesem Niemandsland so grandios ausgebaut ist. Eine große Tafel weist daraufhin, dass sie mit 2 620 235,91 Euro aus EU-Töpfen gefördert wurde.

Und gleich der nächste Pass empfängt uns wenige Minuten später auf der LR-333 hinter Montenegro de Cameros: der 1 592 Meter hohe Puerto de Montenegro an der Grenze zwischen den Provinzen La Rioja und Soria. Das Landschaftsbild hat sich gewandelt, weite offene Wiesen und kahle, steinige Berghänge beherrschen das Bild. Weit fällt der Blick in die Landschaft und die umliegenden Berge. Lässig wiederkäuende Kühe lungern an der Passhöhe herum, schauen uns träge hinterher.

Holpriger Asphalt

Ein paar kernige Serpentinen führen uns bergab. Kurvenreich geht es weiter durch kleine Schluchten. Felsen und dichte Macchia wechseln sich neben dem Asphalt ab, der hier schon um einiges holpriger ist. Schmale, ausgetrocknete Bergbachbetten zeugen von der Trockenheit des Frühsommers.

Hinter Viniegra de Abajo biegen wir auf die LR-113 ab und folgen dem Rio Najerilla gen Norden. Welch eine Strecke: Auf der gut ausgebauten 113 haben wir ein echtes Kurvenparadies fast ganz allein für uns. Auf großen Hinweistafeln ist diese Strecke sogar

Fahrerische Höhepunkte sind der Pass Puerto de Montenegro (linke Seite) und die Kurvenstrecke bei Anguiano.

speziell als Ruta Motera mit einem Motorradsymbol gekennzeichnet, was will man mehr. So viel Schräglagen verlangen bald nach einer Pause. Kein Problem, in Anguiano gönnen wir uns in einer kleinen, unscheinbaren aber netten Bar direkt am Straßenrand zwei leckere Café con leche.

Über das kleine Dorf San Millán de la Cogolla steuern wir auf Nebenstrecken quer durch die Sierra de la Demanda nach Santo Domingo de la Calzada. Das bildschöne Städtchen liegt direkt am Pilgerweg Camino Francés. Im Kapitel neun dieses Buches, in dem wir auf dem Jakobs-

Die Kathedrale von Santo Domingo de la Calzada.

weg unterwegs sind, erzählen wir von den lebenden Hühnern in der Kathedrale dieses Pilgerortes. Aber nicht nur die Kathedrale ist hier einen Besuch wert, auch die von Arkaden umsäumte Plaza de España inmitten der Stadt ist sehenswert.

Beliebter Picknickplatz

Zügig und mit herrlichem Blick in die sanft gewellte Landschaft führt uns die N-120 wieder hinaus aus Santo Domingo de la Calzada. Wir folgen ihr und damit dem Pilgerweg für ein paar Kilometer, dann halten wir uns in Belorado wieder in südlicher Richtung. Über Pradoluengo rollen wir wenig später am Stausee Embalse de Arlanzon aus. Die grünen Wiesen am See werden gerne von den Einheimischen fürs Picknicken genutzt, das erfrischende Nass ist perfekt zum Baden.

Den Puerto del Manquillo erreichen wir wenig später, der genau 1400 Meter hohe Pass ist Ausgangspunkt einiger sehr schöner ausgeschilderter Wanderwege. Ein steiniger Pfad führt ein paar hundert Meter in die Höhe zu einem grandiosen Aussichtspunkt. Leider versperrt ein dickes Drahtseil die Zufahrt, wir hätten sonst einmal gerne die Kletterfähigkeit unserer Africa Twin getestet.

Jenseits des Puerto del Manquillo geht es steil wieder hinab, wir folgen den Schildern nach Barbadillo del Pez und Salas de los Infantes. Der Rio Arlanza führt uns nach Süden und bald

Bei Belorado begeistert die sanft gewellte Hügellandschaft.

Durch Belorado führt der Pilgerweg Camino Francés.

Pause am Stausee Embalse de Arlanzon.

rollen wir nach Salas de los Infantes hinein. Der hübsch anzusehende Ort gefällt uns und gleich nachdem wir auf der uralten Kirche Iglesia Santa Cecilia eines der vielen Storchennester fotografiert haben, begegnet uns mitten im Ortskern ein mächtiger Dinosaurier. Zwar sind wir keine Spezialisten, aber es könnte sich um einen Coelurosaurier handeln, der da direkt an der Brücke des Rio Arlanza steht. Gut, dass der Dino nur ein lebensgroßes Modell ist. Er wirbt für das Museo de los dinosaurios, das seit 2001 im Ort eröffnet ist.

Ein bisschen die müden Motorradfahrerbeine vertreten – das schadet

Kirche Iglesia Santa Cecilia in Salas de los Infantes.

nie. Wir nutzen die Gelegenheit in Covarrubias, parken die Honda am historischen Stadttor und schlendern ein wenig durch das sehr schöne mittelalterliche Zentrum des Ortes. Covarrubias blickt auf eine lange Geschichte zurück; nicht umsonst wird der Ort auch die „Wiege Kastiliens" genannt. Der komplette Ort ist seit 1965 als Conjunto histórico-artístico, also künstlerisch bedeutendes Ensemble, besonders geschützt und beherbergt eine ganze Reihe interessanter Sehenswürdigkeiten.

Steil aufragende Felsen

In krassem Kontrast zu dem schönen Ortskern von Covarrubias steht die totale Einsamkeit der Peñas de Cervera. Der Höhenzug, ein zur Sierra de la Demanda gehörender Bergrücken, ist nicht nur Einsamkeit pur, er glänzt auch mit der grandiosen Schlucht Desfiladero de La Yecla. Hier macht es nicht nur Spaß, mit dem Mopped zwischen den steil aufragenden Felsen hindurch zu düsen, die Klamm lässt sich auch auf urigen Fußwegen durchqueren.

Wenige Meter über dem rauschenden Wasser führen die Stege durch die

Blick auf den Höhenzug Peñas de Cervera südlich von Covarrubias.

Durch die **Wüste**

Die Wüstenlandschaft der Bardenas Reales ist in Europa einzigartig. Eine Tour durch die skurrilen Felsformationen und rotbraun schimmernden Tafelberge bietet unvergleichliche Eindrücke und fantastische Panoramen.

Bisweilen staubig, aber bei Trockenheit mit jedem Motorrad befahrbar: die Bardenas Reales.

TOUREN-STECKBRIEF

BASISORT

Villafranca (42.277446, -1.746139)

STRECKENLÄNGE

ca. 190 km

DAUER DER TOUR

1 – 2 Tage

ROADBOOK

Villafranca, Marcilla, Tafalla, Olite, San Martín de Unx, Ujué, Murillo el Fruto, Carcastillo, Parque Natural Bardenas Reales, Arguedas, Caparosso, Marcilla, Villafranca

HIGHLIGHTS

Keine Frage, das Highlight dieser Runde ist natürlich die Fahrt durch den einzigartigen Naturpark zwischen Carcastillo und Arguedas (42.209733, -1.515110 Wahrzeichen Castildetierra).

In den Bardenas Reales.

Mendigorria
Barásoain
Artajona
Sada
Pueyo / Puiu
Eslava
Larraga
San Martín de Unx
Gallipienzo / Galipentzu
Berbinzana
Tafalla
Miranda de Arga
Olite/Erriberri
Beire
Laguna de Pitillas
Falces
Santacara
Carcastillo
Figarol
Peralta / Azkoien
Caparroso
Funes
Rada
Txirimendia 493
Villafranca
Milagro
Cadreita
La Ralla 498
Valtierra
Alfaro
A-68
Corella
AP-15
Tresmontes 487
Cintruénigo
Tudela
Fitero

Das Castillo de Marcilla ist komplett restauriert und zu besichtigen.

Die Bardenas Reales, diese unwirtliche, wüstenähnliche Gegend im Süden des spanischen Baskenlandes, steht bei uns heute auf dem Programm. Die eigentliche Wüstenlandschaft ist in ihrer Ausdehnung überschaubar. Hier kann man viele Urlaubstage verbringen. Es locken lange Wanderungen und spannende Ausflüge mit Leih-Mountainbikes.

Allerdings sind die Pisten, die offiziell mit Motorfahrzeugen befahren werden dürfen, genau festgelegt und es ist nicht ratsam, sie in dem besonders geschützten Gelände zu verlassen. Die Strafen sind horrend und das ist auch gut so. Nichtsdestotrotz liegen auch um die Bardenas Reales herum einige lohnenswerte Ziele und einladende Örtchen.

Eines davon ist Villafranca, ein kleines Nest an der NA-660. Nur wenige Meter außerhalb der Stadtgrenze in Richtung Süden liegt der Camping Bardenas, ein beliebter Campingplatz in der Region und der perfekte Ausgangspunkt für Ausflüge in die Umgebung. Auch wir haben auf dem Camping Quartier bezogen und brechen gleich nach dem Frühstück auf. In Villafranca finden sich alle Zutaten für ein gemütliches Picknick. Im örtlichen Spar gibt es knuspriges frisches Brot, leckere Tomaten, würzigen Käse und Oliven, natürlich alles direkt aus der Region.

Gut bepackt geht es weiter gen Norden. Wir folgen den Schildern nach Marcilla. Bald überqueren wir das breite Flussbett des Rio Aragón. Kurz nach der Brücke heißt es links abbiegen, hinein nach Marcilla. Schnell haben wir das kleine Zentrum gefunden, in dessen Mitte das Castillo de Marcilla in den Himmel ragt. Im 15. Jahrhundert errichtet, beherbergte es einst das sagenumwobene Schwert Tizona, welches dem kastilischen Ritter und Kriegsherren El Cid gehörte. Heute wird es in Burgos aufbewahrt und das Castillo wurde in den vergangenen Jahren aufwendig und liebevoll komplett restauriert. Man kann es besichtigen. Und in den Bars und Cafés um die Anlage herum lässt sich prima entspannen – ein sehr schöner Ortskern.

Zentrum der Region

In westlicher Richtung verlassen wir Marcilla, schwenken dann nach Norden und folgen entlang der NA-6100 dem Rio Arga, der sich träge durch die Landschaft schlängelt. Die ist landwirtschaftlich geprägt, überall werden die Felder mit dem Wasser aus dem Fluss gewässert, Weinstöcke und Olivenbäume gedeihen gleich neben der Straße. Dann weist uns ein Schild den Weg nach Tafalla, einmal rechtsabbiegen und wenige Minuten später rollen wir in den Ort hinein. Tafalla ist das Zentrum der Region und entsprechend lebhaft geht es hier zu. Die einst mächtige Burg des Ortes ist heute leider komplett zerstört.

Olite, wenige Kilometer südlich, wirkt weit weniger hektisch. Dafür

Eine von vielen kleinen Nebengassen von Olite.

glänzt der nette Ort durch eine Vielzahl kleiner Nebengassen und Plätze.

Wir machen ein wenig motorisiertes Sightseeing, rollen mit unserer Honda zwischen den schmalen Mauern hindurch und werden dabei freundlich gegrüßt. Über San Martín de Unx erreichen wir bald die NA-5310 in Richtung der Bardenas Reales. Bevor wir aber mit dem schönen Ort Carcastillo den Einstieg in die Bardenas Reales finden, steht noch ein kurzer Abstecher nach Ujué auf dem Programm.

Das kleine historische Örtchen mit dem für uns unaussprechlichen Namen liegt bildschön mitten auf einem

Ein rot leuchtendes Klatschmohnfeld in den Bardenas Reales.

Die Bardenas bestechen durch faszinierende Panoramen.

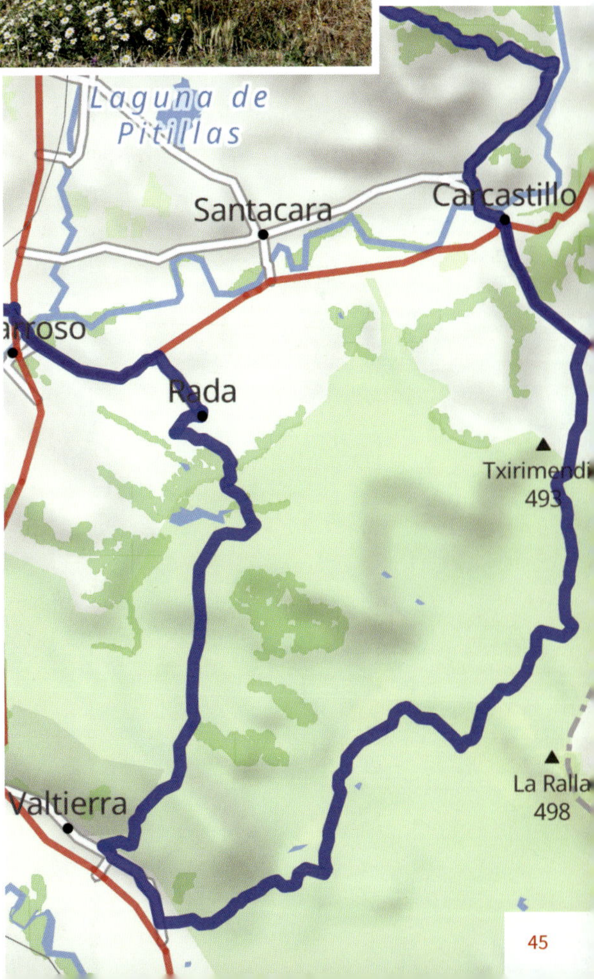

kleinen Hügel neben der Landstraße und belohnt Reisende mit seinen schönen Gassen, einem tollen Rundblick über die Region und dem einen oder anderen einladenden Café.

Ehemaliges Kloster

Carcastillo besticht nicht nur durch seine geschäftigen Läden und die freundlichen Bars sowie die Nähe zum Naturpark, hier liegt auch das Kloster Nuestra Señora de la Oliva. Das ehemalige Zisterzienserkloster lässt sich besichtigen, die Anlage ist fast noch vollständig erhalten und gilt heute als wichtiges Nationaldenkmal. Im Dorf ist sie ausgeschildert, ebenso wie der Naturpark. Zu dem geht es in südlicher Richtung.

Auf der NA-128, die bisweilen auch als A-1201 ausgeschildert ist, verlassen wir den Ort. Es geht durch weite, offene Landschaft. Bestellte Äcker wechseln

Die rötlich-braunen Berge geben den Bardenas ihr markantes Bild.

sich mit brachliegender Wiesenlandschaft ab, die jetzt im Frühsommer noch grün leuchtet. Im späten Sommer, wenn die Sonne ordentlich gebrannt hat, sieht es hier schon anders aus. Der spärliche Bewuchs ist dann meist ausgedörrt und braun.

Augen auf! Auf der schnellen, schnurgeraden Landstraße in Richtung Sádaba hat man die Hinweisschilder schnell übersehen. „Parque Natural Bardenas Reales (El Paso)" steht auf den braunen Tafeln und der Pfeil weist rechterhand auf einen scheinbar völlig unbedeutenden Wirtschaftsweg. El Paso bedeutet so viel wie Schritt oder Durchgang und so führt der bröckelige Betonweg vorerst auch völlig unspektakulär durch die Felder.

Schnell endet der feste Belag und aus dem Weg wird eine Schotterstrecke. Macht aber nichts – üblicherweise ist der Weg hier sehr fest. Die relativ ebene Straße lässt sich auch mit jedem Straßenmotorrad befahren, vorausgesetzt, man weiß, was man tut. Hekti-

sche Manöver, kerniges Bremsen und ordentliche Schräglagen wären hier natürlich wenig angebracht.

Hinein in den Naturpark

Bald weißt eine große Tafel den Naturpark als Biosphärenreservat aus und weißt auf Fahrradverkehr und Wanderer hin. Das ergibt Sinn, teilt man sich die staubige Piste doch mit anderen Urlaubern – und da tut ein wenig Rücksichtnahme immer gut. Immer weiter führt der Weg in den Naturpark hinein. Die letzten Felder und einige wenige kleine Rebstöcke gleiten vorbei. Es gibt ein paar kleine Abzweigungen, der Hauptweg durch den Park ist jedoch nicht zu verfehlen. Auf

Schäferdenkmal in den Bardenas Reales.

AUTOREN-TIPP

DIE BARDENAS REALES – Die Bardenas Reales im Südosten Navarras sind eine wüstenartige Landschaft mit einem ganz eigenen Klima, einer Mischung aus heißen Sommern und eiskalten Wintern sowie aus recht langen Trockenperioden und plötzlichen, dann oft recht heftigen Regenfällen. Durch den Druckunterschied zwischen dem Kantabrischen Meer, also der Biskaya im Norden, und dem warmen Mittelmeer im Südosten weht in den Bardenas die stetig starke Windströmung des Cierzo. Das spezielle Klima in Verbindung mit dem Cierzo ließ im Laufe der Zeit den Boden dieser Landschaft erodieren, was für spektakuläre Canyons und Hochplateaus sorgte.

Der Naturpark der Bardenas Reales ist von acht Uhr morgens bis eine Stunde vor Sonnenuntergang geöffnet und kann in dieser Zeit auf den ausgewiesenen Routen befahren werden. Das Infozentrum liegt etwa drei Kilometer südlich von Arguedas (42.179687, -1.532769). Dort gibt es weitere Infos sowie eine Karte.
Im Internet finden sich viele weitere Infos auch unter **www.bardenasreales.es**.

niedrigen Pollern gleich neben der Fahrbahn weisen gelbe Pfeile stets in die richtige Richtung. Mit einer hohen Staubfahne hinter uns düsen wir durch das karge Land und haben bald einige Infotafeln erreicht. Hier ragt auch das beeindruckende Denkmal Pastor Bardenero in die Höhe. Das Monument soll die harte Arbeit der Schafhirten in den Bardenas Reales würdigen.

Wie im Wilden Westen

Nur wenige Minuten später und ein paar Kilometer südlicher tauchen dann auch am Horizont die rötlichbraunen Tafel- und Spitzberge auf, die den Bardenas ihr markantes Bild geben. Fast könnte man meinen, wir wären in einer amerikanischen Wüstenlandschaft unterwegs. Solche Aussichten kennt man sonst eher aus spannenden Western.

Der Weg wird kurviger, es geht zwischen ausgetrockneten Bachbetten und scharfkantigen Felsabbrüchen hindurch. Urige Felsformationen wachsen neben dem Schotter in den Himmel. Aber auch hier ist die Strecke noch problemlos mit jedem Motorrad und normalen Straßenreifen zu befahren. Zumindest, wenn das Wetter mitspielt und es trocken ist.

Okay, wer ein sauberes und glänzendes Mopped haben möchte, hat nach diesem Ausflug natürlich etwas zu tun. Schon jetzt hat sich der Staub als feine Schicht überall auf der Honda abgelegt. Hat es länger geregnet, verwandelt sich die Oberfläche der Strecke allerdings schon mal in or-

Motorradfahren in den Bardenas ist ein echtes Erlebnis.

Der Felskegel Castildetierra ist das Wahrzeichen der Bardenas Reales.

dentlichen Matsch. Dann wird nicht nur das Mopped richtig schmutzig, es kann auch rutschig werden. Ohne stollenbewehrte oder zumindest stark profilierte Reifen sollte man sich dann nicht in diese Landschaft wagen. Das gilt auch für vierrädrige Fahrzeuge.

Regelmäßige Kontrollen

Immer skurriler wird die Landschaft, tiefe Gräben durchziehen hier den Boden. Am Horizont ist nichts außer den Tafelbergen und spitzen Felsen zu sehen. Ein paar schmale Pisten zweigen rechts und links ab, nicht viel mehr als Pfade. Auch wenn es gerade mit Enduros recht verlockend erscheint, ihnen zu folgen – das sollte man nicht nur aus Naturschutzgründen unterlassen. Die Polizei und Naturschutzbehörden kontrollieren hier regelmäßig, zum Teil auch vom Hubschrauber aus. Wer dann auf verbotenen Pfaden inmitten des Nirgendwo erwischt wird, darf schon mal sein Sparschwein plündern – und zwar kräftig.

Irgendwann erreichen wir eine der wenigen Abzweigungen, halten uns rechts an die Beschilderung nach Arguedas und haben bald das Wahrzeichen der Bardenas Reales – Castildetierra – im Blick. Der riesige Fels-

Ruinen aus dem 12. Jahrhundert in Rada.

kegel, auf dessen Spitze eine Felsplatte liegt, ist weithin sichtbar. Hier zweigt auch eine weitere erlaubte Piste ab. Wer gar nicht genug von den spannenden Wegen bekommen kann, hängt hier eine weiter Runde um das militärische Sperrgebiet an, welches mitten in den Bardenas liegt. Am kleinen Infostand direkt am Wahrzeichen gibt es außerdem Interessantes über die Entstehungsgeschichte dieser Wüstenlandschaft zu erfahren.

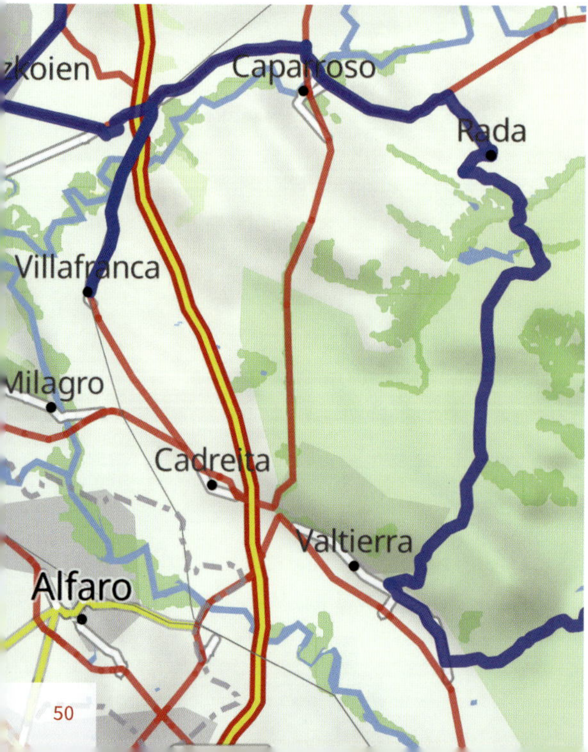

Zurück in der Zivilisation

Unversehens stoßen wir wenige Kilometer südlich wieder auf Asphalt. Rechts abbiegen und schon hat man bald das große Infozentrum des Naturparks erreicht. Hier gibt es reichlich Wissenswertes über den Park und erfrischende Getränke. Irgendwann tauchen wir schließlich auch wieder in die Zivilisation ein, lassen die Wüste hinter uns und haben bald Arguedas erreicht. Mit seinen vielen Läden, Straßencafés und Restaurants ist Arguedas der perfekte Ort für die erholsame Mittagspause oder den Nachmittagskaffee. Hier finden sich immer ein paar gemütliche Plätze in der Sonne oder eben im Schatten – ganz nach Wetter.

Zurück nach Villafranca, wo diese Runde begann, ist es jetzt nur noch ein Katzensprung, sofern man über Valtierra und Cadreita dem Asphalt folgen möchte. Wer noch ein wenig von der staubigen Piste genießen möchte, so wie wir, hält sich in Richtung Caparosso. Da kommt noch mal ein schönes Stück Piste und vorbei am kleinen Stausee Embalse de El Ferial geht es mitten durch Caparosso und wieder zurück nach Villafranca. ◀

INFOS ZUR TOUR

CHARAKTERISTIK

Zu Beginn der Runde heißt es, entspannt über aussichtsreiche Landstraßen zu cruisen. Dann geht es ins Eingemachte – die Wüstenlandschaft ruft. Wie beschrieben sind die Wege durch die Banderas Reales unbefestigt. Bei trockenem Wetter ist die Oberfläche jedoch relativ fest und die Strecken können mit jedem Motorrad und jedem Reifen befahren werden. Für den Staub wird man aber mit einzigartigen Eindrücken mehr als belohnt. Bei Regen sieht es anders aus, dann wird es anspruchsvoll und die Fahrt jenseits des Asphalts ist nur etwas für erfahrene Fahrer mit entsprechender Bereifung.

PÄSSE DER TOUR

Die Bardenas Reales und die Region darum herum sind flaches Land – von Pässen keine Spur.

ÜBERNACHTUNG

Camping Bardenas
Carretera de Villafranca, NA-660 (km 13.4)
31330 Villafranca, Navarra
Einfacher, aber freundlicher Campingplatz mit Pool, Restaurant und Mietbungalows, perfekte Lage für die Bardenas Reales, Fahrrad- und Quad-Vermietung.
www.campingbardenas.com
GPS 42.263357, -1.738110

Hospedería de Alesves
Bajo El Arco 34, 31330 Villafranca
Sehr freundliche Pension mit gutem Restaurant und schöner Anlage direkt neben dem Barockkloster, schöne Zimmer und gutes Preis-/Leistungsverhältnis.
www.hospederiadealesves.com
GPS 42.278162, -1.750421

KOMBINATIONSMÖGLICHKEITEN

Diese Runde lässt sich sehr schön und fast direkt mit der Tour 1 durch die Sierra de la Demanda und mit der Aragón-Tour 3 verbinden. Zudem führt nördlich die Tour 9 entlang des Camino de Santiago vorbei.

Einsames **Land**

Verlassene Ruinen, weites, steppenartiges Land, tiefe Schluchten und urige Dörfer prägen die Landschaft des ehemaligen Königreichs Aragón. Die geschichtsträchtige Region im Nordosten Spaniens fasziniert und scheint wie aus einer anderen Zeit.

Ein Stausee mit zwei Namen: Embalse de Mequinenza oder Embalse de Caspe.

TOUREN-STECKBRIEF

BASISORT
Caspe (41.236134, -0.044507)

STRECKENLÄNGE
ca. 510 km

DAUER DER TOUR
2 Tage

ROADBOOK
Caspe, Alcañiz, Calanda, El Maestrat, Embalse de Santolea, Los Alagones, Mirambel, Cantavieja, Puerto de las Cabrillas, Portell de Morella, Morella, Castillo de Morella, Els Ports, Caspe, Escatrón, Belchite, Fuendetodos, Zaragoza, Cinco Olivas, Caspe

HIGHLIGHTS
Die N 232 nördlich von Morella führt durch eine weite, offene Landschaft. Hier lässt sich herrlich entspannt cruisen (40.641553, -0.082535).

Nicht weniger faszinierend ist die A 226 zwischen Cantavieja und Mirambel, zusätzlich gibt's hier ein paar tolle Kurven (40.547801, -0.361814).

Sonnenuntergang am Embalse de Caspe.

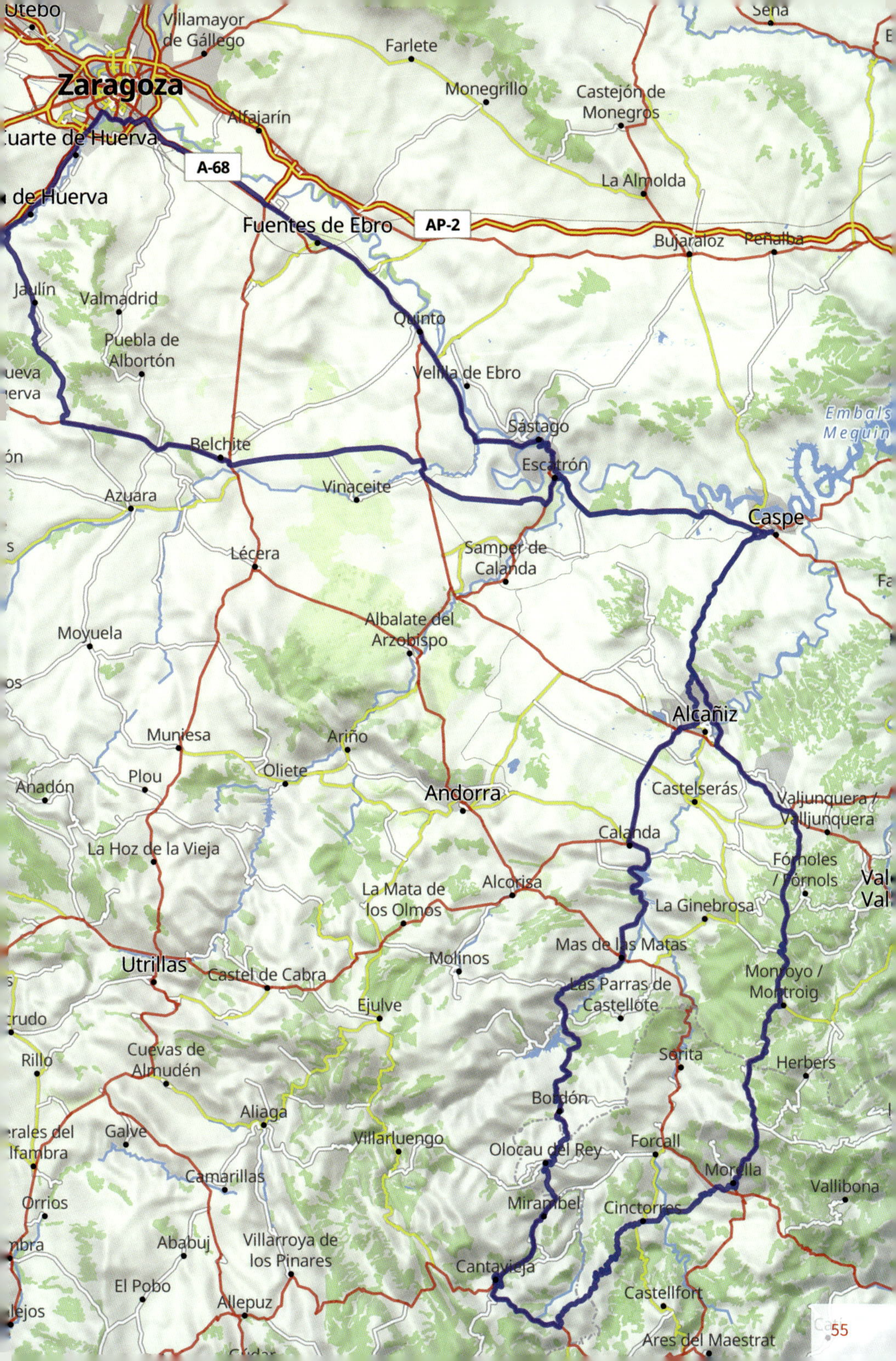
Utebo
Villamayor de Gállego
Farlete
Sena
Zaragoza
Monegrillo
Castejón de Monegros
Alfajarín
Cuarte de Huerva
A-68
La Almolda
de Huerva
Fuentes de Ebro
AP-2
Bujaraloz
Peñalba
Jaulín
Valmadrid
Quinto
Puebla de Albortón
Velilla de Ebro
Embalse de Mequinenza
Sástago
Belchite
Escatrón
Vinaceite
Azuara
Caspe
Lécera
Samper de Calanda
Albalate del Arzobispo
Moyuela
Alcañiz
Muniesa
Ariño
Plou
Oliete
Anadón
Andorra
Castelserás
Valjunquera / Valljunquera
Calanda
La Hoz de la Vieja
Fórnoles / Fórnols
La Mata de los Olmos
Alcorisa
La Ginebrosa
Mas de las Matas
Utrillas
Castel de Cabra
Molinos
Monroyo / Montroig
Las Parras de Castellote
Ejulve
Cuevas de Almudén
Rillo
Herbers
Sorita
Bordón
Aliaga
Galve
Villarluengo
Olocau del Rey
Forcall
Morella
Camarillas
Vallibona
Mirambel
Cinctorres
Orrios
Ababuj
Villarroya de los Pinares
Cantavieja
El Pobo
Castellfort
Allepuz
Ares del Maestrat

Aragóns bunte Blütenteppiche leuchten im Frühjahr.

Die Fahrt entlang des riesigen, glitzernden Stausees Embalse de Caspe macht Spaß. Immer wieder führte der Asphalt wild geschwungen über die Bergkuppen, die den Blick auf steile, felsige Ufer, urige, ruinöse Gemäuer und dunkelgrüne Baumgruppen freigeben. Sonne, blauer Himmel, die letzten sich auflösenden Nebelschwaden über ein paar feuchten Senken, es lässt sich gut an.

Wir umrunden den Ort Caspe auf der schnellen, gut ausgebauten Landstraße, die wir uns mit ein paar klapprigen Lieferwagen teilen und halten uns in Richtung Süden. Am Horizont ragen rotgelb strahlende Tafelberge in die Höhe; zwischen ihnen und uns liegt gewelltes, steiniges Land. Noch versehen mit bunten Tupfen, die inmitten der zerklüfteten Landschaft wie kleine Oasen wirken. Grünes Gras zwischen Olivenbäumen, wiegende Halme am Straßenrand. Die riesigen lila, rot und weiß leuchtenden Blütenteppiche der Obstbaumkolonien wirken wie Patchwork in der Landschaft Aragóns. Wenn das Frühjahr vorbei ist und die ersten Hitzewellen durch die Region fegen, wird davon nicht mehr viel zu sehen sein.

Auf fremden Grund

Als wir inmitten der Blütenträume Fotos machen, taucht wie aus dem Nichts der Bauer zwischen seinen Obstbäumen auf. In kernigem Katalanisch fährt er uns an, ein dicker Stock in seiner Linken wirkt nicht wirklich vertrauensbildend. Kiki und ich verstehen kein Wort, palavern irgendetwas über „fotografia“ und „muy bello“. Sein Gesicht entspannt sich merklich. Mit einem lässigen „okay“ beweist er uns seine Englisch-Kenntnisse und marschiert von dannen. Er hatte wohl nur Angst um seine Blütenzweige.

Alcañiz, das quirlige Zentrum des südlichen Aragóns, gleitet an uns vorbei. Wir widerstehen vorerst der Versuchung der einladenden Straßencafés auf der zentralen Plaza de España, umkurven die mächtige Burg und rollen wieder hinaus in die offene Landschaft. Je kleiner Alcañiz im Rückspiegel wird, umso einsamer wird die Landschaft und gleich hinter dem kleinen Flecken Calanda, bei dem wir die N211 verlassen, scheinen wir ganz alleine unterwegs zu sein. Hier beginnt

der Aufstieg in den El Maestrat. Kriegerische Kreuzfahrer waren sie, die Ritter von Montesa, die diesem Bergland seinen Namen gaben. Maestres, Meister, nannten sie sich. Um ihr Land verteidigen zu können und die Grenze hinüber nach Valencia zu sichern, gründeten die Ritter auf den Felsen und Klippen befestigte Siedlungen. Kleine, aber massive, dunkle Bauten, entworfen wie Burgen oder Zitadellen, leicht zu verteidigen und zu halten.

Viele der kleinen Siedlungen sind heute dem Verfall preisgegeben. Wir rollen an unzähligen Ruinen vorbei, an Mauern mit leeren Fensterlöchern und formlosen Steinhaufen. Die Alten,

Die hübsche Kathedrale
Santa Maria la Mayor in Alcañiz.

Türkis-grün schimmert der Embalse de Santolea.

die hier noch wohnten, sind längst gestorben und der Nachwuchs hat sich verzogen. Meistens nach Zaragoza, in die Hauptstadt, wo inzwischen über die Hälfte der Aragonier lebt und wo es noch Brot und Arbeit gibt.

Unwirkliches Türkis

Immer weniger Menschen, immer mehr Stauseen. Wo die fantastischen Bergstraßen des El Maestrat beginnen, liegt der Embalse de Santolea. Sein Wasser schimmert in einem unglaublich hellen, fast unwirklichen Türkis. Eingefasst von mächtigen rotgrauen Felswänden und grobsteinigen Ufern lädt er nicht wirklich zum Baden, fasziniert aber allein schon durch seine einmalige Lage.

Vom ausgeschilderten Mirador gleich neben der Straße gibt es den schönsten Blick und dazu gleich ein

Am Stadttor von Mirambel (rechts) und in den schmalen Gassen von Cantavieja (r. Seite).

paar spanische Erläuterungen von der Infotafel. Wie ein tiefer Canyon wirkt die Stauseeschlucht auch ein paar Kilometer weiter, bei Los Alagones. Die Jahrmillionen wirkende Kraft der Erosion schmirgelte hier skurrile Felsformationen aus dem Boden, die wie rote Türme in den Himmel wachsen.

Unglaubliches Ensemble

Das mächtige, mittelalterliche Stadttor von Mirambel führt uns in ein unglaubliches Ensemble. Wir rollen durch enge Gassen und entlang uralter Mauern. Kopfsteinpflaster weist uns den Weg, graues, verwittertes Holz verwehrt den Eintritt in grob gemauerte Häuser, die mit alten, geschmie-

deten Laternen versehen sind. In kleinen Nischen wechseln sich Tontöpfe und Marienbildnisse ab und so mancher Weg entpuppt sich als Sackgasse.

Über das bildschöne Cantavieja, ein ebenfalls befestigtes Städtchen, gelangen wir zum 1320 Meter hohen Puerto de las Cabrillas und weiter nach Portell de Morella. Soweit das Auge reicht, ist

Blütenträume bei Alcañiz (oben) und das bildschöne Morella mit seinem wehrhaften Castillo (r. Seite).

die Landschaft hier übersät mit Steinplatten. Hunderttausende davon sind in langen, unendlichen Mauern aufgestapelt und schützen das Land und die kargen Weiden vor den oft heftigen Stürmen. Runde Schutzhütten aus Stein stehen dicht an dicht, beherbergten einst das Vieh, dass es heute hier kaum noch gibt. Die Steinhäuser sind wahre Meisterwerke. Ohne jeden Mörtel trotzen selbst die kegelförmig aufgeschichteten Dächer über Jahrzehnte hinweg jeder Witterung.

Kurve an Kurve

Morella, das Bergstädtchen mit der trotzigen Burg in seiner Mitte, lockt uns weiter in die Berge. Riesig prangt eine aufdringliche Warntafel neben der Straße. „Atenció – Atencion“ verkündet das Schild zweisprachig. Darunter ein Verkehrszeichen mit einer Doppelkurve und dem Hinweis „en 17 km“. Klingt gut! Es gibt Verkehrsschilder, die sieht man als Motorradfahrer recht gerne. Besagte 17 Kilometer später steht uns der Sinn nach einer Pause. Ja, es war tatsächlich Kurve an Kurve, links und rechts und rauf und runter und wieder von vorne. Eine unglaubliche Strecke, noch dazu perfekt ausgebaut, wie für motorisierte Zweiradfahrer gemacht.

Satte zweieinhalb Kilometer ist Morellas alte Stadtmauer lang, unterbrochen von sieben gewaltigen Stadttoren. Dicht an dicht drängen sich die weißen Fassaden der stufenförmig angelegten Häuser innerhalb der Mauer. Oberhalb davon thront auf einem riesigen Felsplateau das monumentale Castillo de Morella, welches einst von den Arabern errichtet wurde. Heute bemüht man sich um eine Anerkennung als UNESCO-Weltkulturerbe.

Die Entscheidung steht noch aus, es sieht aber gut aus. Kiki und ich können das nachvollziehen, als wir zu Fuß ein wenig durch Morellas Sträßchen wandern. An der Plaza San Miguel bleiben wir schließlich hängen. Wie könnten wir auch die Sitzplätze und die Tische in der Sonne ignorieren, an denen ein knackfrischer Salat und zum Nach-

Urige Felsformationen finden sich zwischen Valmuel del Candillo und Escatron.

tisch ein belebender Carajillo kredenzt wird. Carajillo ist ein reichlich gesüßter Espresso mit einem Brandy oder einem Likör. Mein ganz persönlicher Favorit ist der Anislikör. Und obwohl sich ja eigentlich Alkohol und Motorrad nicht vertragen, halte ich dessen Genuss in dieser Konstellation für durchaus akzeptabel.

Zerklüftete Landschaft

Solchermaßen gestärkt steuern wir zurück Richtung Norden, wo hinter unzähligen Bergkuppen bei Caspe unsere Unterkunft auf uns wartet. Es geht quer durch Els Ports, wie sich die zerklüftete Landschaft nennt. Els Ports bedeutet so viel wie „die Pässe" – treffender könnte es nicht sein.

Auch der nächste Morgen empfängt uns mit Sonnenschein. Früh sitzen wir schon wieder auf dem Mopped. Und wieder geht es mit der Sonne im Rücken um Caspe herum. Diesmal folgen wir jedoch dem Rio Ebro in seinem Bett tief unter uns. Mal fließt er träge in Sichtweite, mal weit im Norden. Im beschaulichen Escatrón schrauben wir uns hinunter an den Fluss, überqueren den braunen Strom und erklimmen

auf der anderen Seite wieder die Höhenzüge. Nach ein paar Minuten wiederholt sich das Spiel. Der Ebro schlägt hier unzählige Haken, ändert stetig seinen Lauf.

Hinter Escatrón weist ein unauffälliges Schild den Weg nach Belchite. Fast scheint es so, als wolle es sich irgendwo im Grün verstecken. Das wäre nicht verwunderlich, Belchite ist alles andere als ein Glanzstück der spanischen Geschichte. Als wir es erreichen, wähnen wir uns in einer Trümmer- und Ruinenlandschaft. Die Wohnhäuser, die Kirche, Schuppen

AUTOREN-TIPP

DAS MOTORLAND ARAGÓN Der Motorsport hat Geschichte in Alcañiz, der 15 000 Einwohner-Stadt mitten in Aragón. Schon vor einem halben Jahrhundert fegten Renn- und Tourenwagen über den „Circuito Guadalope", einen kleinen, verwinkelten Stadtkurs. Mit den steigenden Sicherheitsstandards im Rennsport war jedoch das Aus für die traditionellen Rennveranstaltungen vorprogrammiert. In den 1990er Jahren entstand daher die Planung für einen hochmodernen Ring außerhalb der Stadt – die Geburtsstunde von Motorland Aragón.

Seit dem ersten MotoGP-Rennen im Jahre 2010 finden auf der neuen Rennstrecke regelmäßig internationale Events statt. Bei den Fahrern ist sie ausgesprochen beliebt und gilt als extrem sicher und dennoch spannend. Der Rundkurs hat eine Länge von 5 345 Metern, die Start- und Zielgerade misst 630 Meter und die Gegengerade stattliche 1726 Meter. Hier wird unter anderem der jährliche zur Motorrad-WM zählende Große Preis von Aragón ausgetragen, ein tolles Motorrad-Spektakel mit vielen tausend Besuchern.

Auf der Strecke kann man auch selber fahren. Es gehört eine Kartbahn und ein Offroad-Gelände dazu. Alle Infos unter **www.motorlandaragon.com**, (41.082180, -0.203279).

Belchite gilt als Symbol für die Barbarei des Krieges.

und Stallungen, nichts von dem alten Ort ist mehr intakt, alles zerstört, zerrissen, zerbombt, Mauerreste sind von Einschusslöchern und Granattrichtern übersäht. Es war 1937, mitten im Spanischen Bürgerkrieg, als Soldaten des putschenden Generals Francisco Franco Belchite besetzten. Zwölf Tage wüteten schreckliche Kämpfe, dann eroberten die Republikaner den Ort zurück, verloren ihn Monate später nach heftigen Scharmützeln wieder an

die Faschisten, die damals tatkräftige Unterstützung durch die deutsche Legion Condor erhielten. Um jedes Haus wurde gekämpft. Zurück blieb blankes Chaos. Der siegreiche Franco entschied damals, alle Ruinen als Mahnmal „roter Barbarei" stehen zu lassen. Das darf getrost als Eigentor betrachtet werden. Heute gilt Belchite als Symbol jeglicher Schrecken und Zerstörungen des Krieges.

Kurvenspaß unweit von Meguinenza.

Kurs auf Goyas Gebortsort

Mit Gänsehaut kehren wir Belchites Ruinen den Rücken und nehmen Kurs auf Fuendetodos. Fuendetodos, das ist der Geburtsort von Francisco de Goya, Künstler, Grafiker, Maler. Er war nicht unumstritten in seiner Zeit, hatte er doch den Fehler, bei seinen Portraits zu ehrlich zu sein. Nicht jeder Adlige und Reiche wollte sich damals so sehen, wie er tatsächlich war. Pech für Goya, der sich zeitlebens auf Auftragssuche befand. Heute ist Fuendetodos stolz auf seinen „Sohn". Sein Geburtshaus ist eine Pilgerstätte und im Museum werden einige seiner beeindruckenden Radierungen ausgestellt.

Recht interessant – aber nicht von Goya – sind übrigens die „Kühlschränke" Fuendetodos. Die Bauten aus dem 18. Jahrhundert wurden einst im Winter mit Schnee bestückt, der dann bis in den Sommer als Eis

für die Versorgung des nahe gelegenen Zaragozas genutzt wurde. Apropos Zaragoza, dessen Zentrum scheint der Frühjahrs-Sonne noch nicht zu trauen. Wo sich im Sommer auf der Plaza del Pilar im Schatten des Rathauses dicht an dicht Tische und Stühle aufreihen, herrscht jetzt relative Leere. Zwar plätschert in den Brunnen und den Wasserspielen an der Plaza de César Augusto schon das Nass, aber Zaragoza wirkt noch wie im letzten Stadium des Winterschlafs und so müssen wir den verdienten Café con leche drinnen im Kaffeehaus genießen.

Für den Rückweg nach Caspe wählen wir erneut eine Strecke entlang des Rio Ebro. In Cinco Olivas gönnen wir uns noch eine Pause, entern eine der vielen Parkbänke, strecken unsere Gesichter in die Sonne und genießen die Ruhe und Stille auf der Hügellage über dem Ebro. Ein paar Störche kreisen in aller Seelenruhe um die Dächer und ab und zu hören wir ihr Klappern durch die Gassen des Dorfes hallen. Aragón im Frühjahr, das war die perfekte Entscheidung. ◀

Lohnenswerter Fotostopp am Embalse de Calanda.

INFOS ZUR TOUR

CHARAKTERISTIK

Auf allen Strecken dieser Rundtour lässt sich entspannt und locker Motorradfahren. Die kurvenreichen Abschnitte sind auch von weniger geübten Motorradfahrern gut zu bewältigen. Im Frühjahr sollte man jedoch auf Landmaschinen und deren Hinterlassenschaften achten. Unser Tipp: Ruhig ein bisschen mehr Zeit einplanen und die tollen Panoramen genießen.

PÄSSE DER TOUR

Etwas nördlich von Morella liegt der Puerto de Torremiro oder auch Port de Torre Miró in 1259 Metern Höhe (40.679181, -0.070063).
Ganz am südlichsten Punkt der Runde geht es in 1320 Metern Höhe über den Puerto de las Cabrillas. Hier gibt es einen klasse Aussichtspunkt (40.501967, -0.309553, Mirador).

ÜBERNACHTUNG

Camping Lake Caspe
Carretera Nacional 211 (km 286,7), 50700 Caspe
Der einladende und gut ausgestattete Campingplatz direkt am Stausee hat uns sehr gut gefallen, sehr freundliches und hilfsbereites Team, schöne Landschaft, nette Bungalows und gutes Restaurant.
www.campinglakecaspe.com
GPS 41.288612, 0.063877

Hostal Restaurante El Surtidor
Av. Joaquin Costa 37, 50700 Caspe
Sehr gutes Preis- / Leistungsverhältnis, extrem gastfreundlich, Café und Restaurant im Haus, einfache, aber sehr saubere Zimmer.
www.hostalrestauranteelsurtidor.com
GPS 41.232977, -0.040417

KOMBINATIONSMÖGLICHKEITEN

Nordöstlich liegt die Tour 4 durch die Pyrenäen, nordwestlich geht es in Richtung Bardenas Reales, die in Kapitel 2 beschrieben sind. Wer noch eine gute Portion Kilometer drauflegen möchte, macht von Aragón aus einen Abstecher an die Küste an das Delta des Rio Ebro.

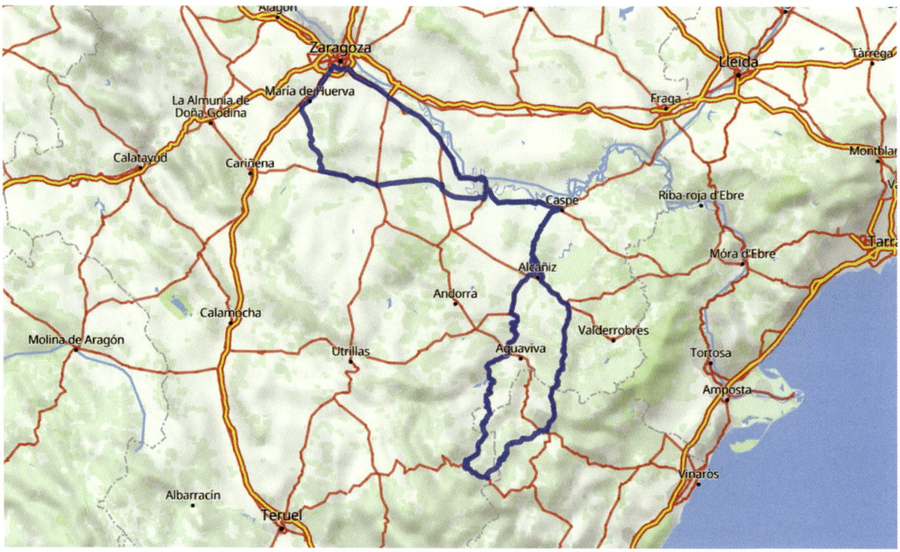

Kataloniens Hauptstadt

Barcelona ist zu jeder Jahreszeit einen Besuch wert. Das quirlige Treiben im Zentrum fasziniert ebenso wie der spannende Hafenbezirk, unzählige Sehenswürdigkeiten und die einladenden Strände.

Barcelonas Hafenpromenade mit dem historischen Dreimaster „Santa Eulàlia".

Für uns ist Barcelona nicht nur Spaniens interessanteste Stadt. Wir meinen, sie sucht auch europaweit ihresgleichen. Nicht ohne Grund gehört Barcelona zu den drei meistbesuchten Städten Europas. Die faszinierende Hauptstadt Kataloniens lockt mit purer Abwechslung. Ob auf den Ramblas oder im Parc Güell, am Plaça de Catalunya oder an den Stränden und Promenaden von La Barceloneta – Barcelona ist eine echte Offenbarung.

Motorisiertes Sightseeing in der Hafenstadt macht viel Laune, man sollte jedoch relativ abgebrüht im Umgang mit südlichem Stadtverkehr sein. Wie eine Flutwelle spült der Pulk motorisierter Zweiradfahrer in ganzer Breite bei jedem Ampelstart in die Kreuzung – und das meist schon, bevor überhaupt Grün ist. Man liebt es oder man hasst es. Allen Barcelona-Besuchern, die das nicht so mögen, empfehlen wir, das Zweirad am Plaça Portal de la Pau direkt am Hafen abzustellen. Hier parken in schier endloser Reihe jede Menge Zweiräder.

Zentraler Treff

Aus gut 60 Meter Höhe wacht Christoph Columbus über den Platz und nur wenige Meter entfernt beginnen schon die Ramblas. Einst nur ein ausgetrocknetes, staubiges Bachbett, sind die Ramblas heute der zentrale Treffpunkt in Barcelona, ein nicht versiegender Strom von Menschen, in den man sich gerne einreiht. Sehenswürdigkeiten? Fehlanzeige! Die Menschen sind das Sehenswerte, die Cafés, die Blumenstände.

Hier blüht das Leben, man trifft sich, spricht, guckt, schlendert, schaut auf der Rambla de Santa Mònica den Straßenmalern zu und lauscht den Musikern, die katalanische Volkslieder klampfen. Am kreativsten sind jedoch die lebenden Statuen. Wahre Kunstwerke, erschaffen aus Unmengen Stoff, Schminke, Farbe und anderen Materialien und natürlich einer riesigen Portion Fantasie. Fast könnte man Mitleid haben mit den Akteuren unter ihren schweren Gewändern und Kostümen. Die Ramblas ohne ihre Straßenkünstler wären unvorstellbar.

Gleich schräg gegenüber, wo die Rambla de Sant Josep beginnt, lockt der Mercat de la Boqueria: die zentrale Markthalle. Durch den breiten Eingang taucht man ein in die lebhafte Welt des riesigen alten Gebäudes aus Glas und Stahl. Tausendundein Gerüche steigen in die Nase. Der frische Duft praller, tiefroter Weintrauben und knallgelber Zitronen, das verlockende Aroma süßer Liköre, köstlicher Desserts und allerlei Backwerks. Dazwischen locken kandierte Früchte, herzhafte Käse und eine unüberschaubare Auswahl fangfrischen Fisches und Meeresfrüchte jeglicher Art.

Zurück zum Plaça Portal de la Pau – ab hier führt in nordöstlicher Richtung der mit Palmen bewachsene Boulevard entlang mondäner Jachthäfen hinein in das alte Hafenviertel

In der Markthalle Mercat de la Boqueria.

Die Berge **der Biskaya**

Im Baskenland, an den nordwestlichen Hängen der Pyrenäen, ist Abwechslung garantiert. Gleich zwei aussichtsreiche Küstenstraßen und jede Menge Bergstrecken, Gipfel und Pässe sorgen für reichlich Fahrspaß und Schräglagen. Nebenbei lockt ein nicht minder interessanter Besuch bei den französischen Nachbarn.

Wolkenumnebelte Auffahrt zum Pico Gorramakil.

TOUREN-STECKBRIEF

BASISORT

Biarritz (43.478770, -1.564843)

STRECKENLÄNGE

ca. 290 km

DAUER DER TOUR

1 Tag

ROADBOOK

Biarritz, Saint-Jean-de-Luz, Ascain, Col de Saint Ignace, Sare, Dancharia, Puerto de Otxondo, Pico Gorramakil, Puerto de Izpegui, Saint-Étienne-de-Baigorry, Vallée des Aldudes, Aldudes, Embalse de Eugi, Alto de Egozkue, Valle de Anue, Puerto de Belate, Etxalar, Elizalde, Hendaye, Saint-Jean-de-Luz, Biarritz

HIGHLIGHTS

Der Pico Gorramakil lockt mit einer spannenden Auffahrt und grandiosem Rundum-Blick (43.217629, -1.430666).

Die D 948 / D 949 und die davor und dahinter liegenden Cols sind Motorradfahrer-Land pur. Hier kommen alle auf ihre Kosten. Mittendrin liegt das Vallée des Aldudes (43.095328, -1.425535).

Die spanische Küstenstraße westlich von Hendaye überzeugt mit fantastischen Fernblicken (43.347631, -1.858218).

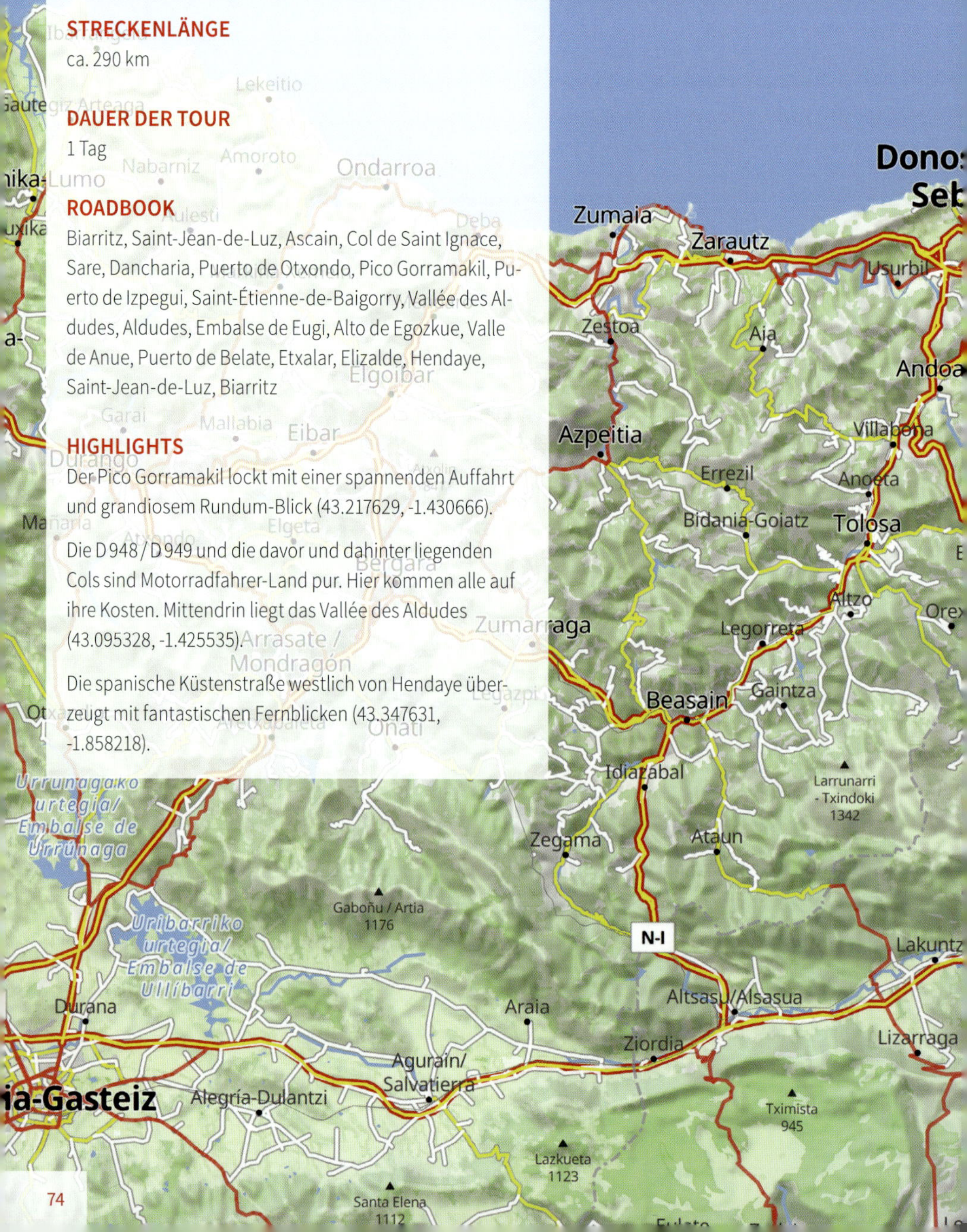

Bayonne
Biarritz
Urt
Urcuit
Mouguerre
Briscous
Arcangues
Ustaritz
Saint-Jean-de-Luz
Halsou
Hondarribia
Urrugne
Saint-Pée-sur-Nivelle
Irun
Ascain
Souraïde
Itxassou
Macaye
Oiartzun
Sare
Ainhoa
Bera
Zugarramurdi
Bidarray
Lesaka
Etxalar
Osses
Talatze 906
Arano
Arantza
Erratzu
Anhaux
Goizueta
Arainburu 1054
Doneztebe / Santesteban
Elizondo
Banca
Ziga
Aldudes
Luzaide
Leitza
Beintza-Labaien
Abartan 1095
Urepel
Uitzi
Igoa
Txapelarri 1213
Lekunberri
Gartzaron
Iraizotz
Lantz
Eugi
Bizkarreta-Gerendiain
Etxaleku
Lizaso
Olague
Oderitz
Garralda
Erro
Zubiri
Olaldea
Irurtzun
Enderitz / Endériz
AP-15
Measkoitz 1014
Berrioplano/ Berriobeiti
Egillor
Nagore
Pamplona / Iruña
Egües
Ororbia
Rala
Etxauri
Aoiz/Agoitz

Es lässt sich gut aushalten im mondänen französischen Badeort Biarritz. Okay, der bei schönem Wetter stets etwas überfüllte Badestrand direkt im Ort ist jetzt nicht unbedingt unser Ding, aber die zerklüftete Felsküste gleich nebenan, der kleine, uralte Bootshafen mit den einladenden Restaurants und nicht zuletzt die quirlige Innenstadt mit ihren unzähligen netten Läden und Gassen sorgen für reichlich Abwechslung und Flair.

Außerdem lassen sich von hier aus herrliche Touren in die Umgebung starten, schließlich steigen gleich südlich der Hafenstadt die mächtigen Gipfel des französisch-spanischen Grenzgebirges – der Pyrenäen – in den Himmel. Und in Richtung Westen wartet die zerklüftete Küste der Biskaya auf Entdeckungsreisende. Mit dieser Runde wollen wir gleich beides miteinander kombinieren.

Hinauf zum ersten Col

Also sitzen wir nach dem Frühstück auf dem Mopped, lassen die Stadtgrenze des Hauptortes des gleichnamigen Kantons hinter uns und folgen entlang der Küste den Schildern nach Saint-Jean-de-Luz. Hier heißt es abbiegen, ab ins Landesinnere über die D 918 nach Ascain. Es ist unverkennbar Sonntag. Auch ohne Kalender erkennen wir das schnell an der Zahl der

Fischerhafen des einladenden Küstenortes Saint-Jean-de-Luz.

Nur 169 Meter hoch, macht der Col de Saint Ignace trotzdem Spaß.

vielen Radsportler, die hinauf in die Berge strampeln. Und nach gerade mal zehn Kilometern haben wir auch schon den ersten Col erreicht. Zwar ist der Col de Saint Ignace nur bescheidene 169 Meter hoch, aber die kurvenreiche Strecke zwischen Ascain und Sare stimmt dennoch gleich mal auf die vielen Kurven ein, die heute noch vor uns liegen. „La Route de Cols“ nennt sich schließlich auch die Straße – das klingt vielversprechend.

Über die D 4 verlassen wir Sare in Richtung der spanischen Grenze und nur neun Kilometer später erreichen wir Dancharia, den Grenzort nach Spanien. In Dancharia, in der baskischen Sprache Dantxarinea, wartet der riesige Supermarkt mit Restaurant und Bar auf unzählige französische Besucher. Und die lassen sich nicht lange bitten, lässt es sich hier dank der Grenze doch deutlich preiswerter shoppen als im eigenen Land.

Wir lassen den Trubel links liegen und folgen der N-1218 in die spanischen Berge. Langsam aber stetig windet sich der

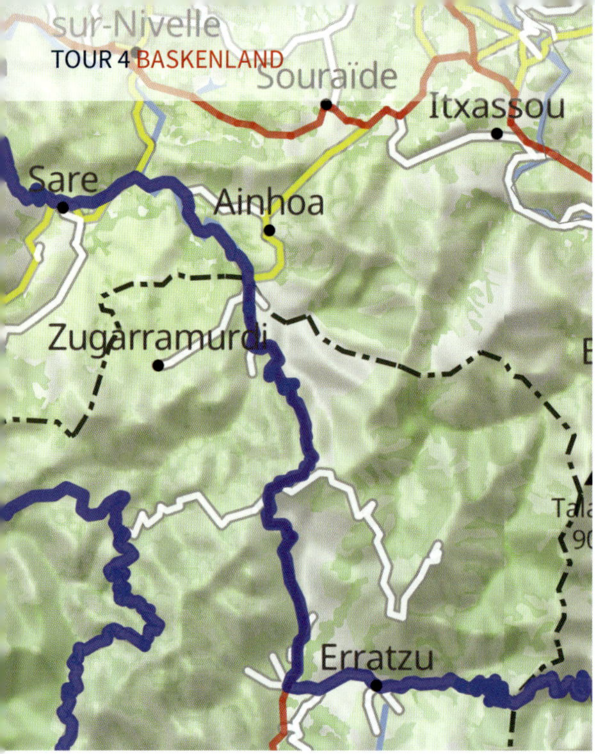

Asphalt immer höher, dichte grüne Büsche huschen an uns vorüber, die letzten Nebelschwaden lösen sich vor der Kulisse der grandiosen

AUTOREN-TIPP

PAMPLONA Das bildschöne Pamplona liegt gleich im Süden dieser Tour. Die Hauptstadt der autonomen Region Navarra ist nicht nur ein wirtschaftliches Zentrum, sondern auch ein touristisches Highlight. Pamplonas historische Altstadt ist noch heute von einer mächtigen Befestigungsanlage umgeben. Die schmalen, uralten Gassen mit ihrem Kopfsteinpflaster, die Bürgerhäuser mit ihren eisernen Balkonen, schattige Parks und die einladenden Plätze, die gotische Kathedrale und die Zitadelle wollen zu Fuß erkundet werden.

Unser Tipp: Auf dem Plaza del Castillo unter einem Sonnenschirm einen knackfrischen Tomatensalat mit köstlichem Olivenöl aus der Region und einem knusprigen Brot genießen – ein Gedicht (42.816212, -1.643192).

Pyrenäengipfel auf und frische, würzige Waldluft dringt in den Helm.

Am Puerto de Otxondo, in 602 Metern Höhe, öffnet sich linkerhand ein großes Tor hinter einem in den Boden eingelassenen mächtigen Gitterrost – die Auffahrt auf den Pico Gorramakil. Knapp 15 Kilometer schraubt sich ab hier eine schmale, oft nur einspurige Straße hinauf in die Berge. Das Gitter soll verhindern, dass die hier zahlreich frei herumstreifenden Pferde, Kühe und Ziegen ausbüxen und auf weite Wanderschaft gehen.

Stetig steigt der Asphalt höher, immer weiter fällt der Blick über die weit in der Landschaft verteilt liegenden Berggipfel. Weiße Wolken- und Nebelfetzen stehen über den Tälern. Unser Blick fällt auf weite grüne Berghänge, gespickt mit vereinzelten Höfen und Weilern. Mehr als einmal lasse ich die 800er neben der Straße ausrollen, um einfach in Ruhe die großartigen Panoramen zu genießen.

Knackiger Slalom

Bald sind wir auf gleicher Höhe mit den mächtigsten Bergen um uns herum. Es empfiehlt sich eine umsichtige Fahrweise. Nicht nur, dass diverse Vierbeiner über den Weg streifen, auch ihre wohlriechenden Hinterlassenschaften nötigen uns zu einem knackigen Slalom. Dabei ist zudem höchste Vorsicht geboten - Leitplanken gibt es nicht und wer nicht aufpasst, findet sich mal schnell viele, viele Meter tie-

fer am Berghang wieder. Bald haben wir den Gipfel in 1090 Metern Höhe erreicht. Lange sitzen wir hier oben ganz alleine im frischen Wind, lassen die tolle Aussicht auf uns wirken und genießen einfach den Augenblick. Nur ein Mountainbiker und zwei Wanderer begegnen uns hier oben.

Fast ohne Gas rollen wir wieder in die Tiefe, lassen den Pico Gorramakil hinter uns und schlagen schließlich wieder den Weg gen Süden ein. Mit dem 672 Meter hohen Puerto de Izpegui erreichen wir bald den nächsten Pass, der auch gleich die Grenze nach Frankreich markiert. Auch wenn die absolute Höhe gar nicht so spektakulär klingt, Landschaft und Panoramen sind dennoch grandios.

Als ich gerade ein wenig im Tran durch die einsame Bergwelt kurve, steht plötzlich gleich hinter einer der unzähligen Biegungen ein uniformierter Polizist auf der Straße. Die über der rechten Schulter griffbereit hängende Maschinenpistole seines Kollegen erinnert mich daran, dass wir uns hier immer noch im Baskenland befinden,

Der Gorramakil hat es in sich: sowohl auf der Auffahrt als auch unterwegs (von oben nach unten).

Bester Asphalt auf dem Weg nach Saint-Étienne-de-Baigorry.

wo Konflikte zwischen der Obrigkeit und den Separatisten jahrzehntelang zur Tagesordnung gehörten. Auch wenn es heute wesentlich ruhiger als noch in den 1990ern ist, so ganz ausgestanden sind die Streitigkeiten nicht. Als Touristen identifiziert werden wir aber gleich durchgewunken und mit einem freundlichen Gruß ins Nachbarland verabschiedet.

Typisch weiße Häuser

In Saint-Étienne-de-Baigorry beginnt das Vallée des Aldudes. Das kleine, urige Bergdorf besticht gleich durch mehrere Châteaus, Kapellen und seine

Bienvenus
Welcome
Willkommen
Benvenuti
Navarra

für diese Region so typischen weißen Häuser mit leuchtend roten Läden. Eine alte, steinerne Bogenbrücke führt über den Bergfluss Nive des Aldudes und mitten im Zentrum ruft die Terrasse des Straßencafés nach uns. Natürlich geben wir dem Ruf nach und ordern einen großen Café au lait und ein Croissant.

Gestärkt tauchen wir ein ins Vallée des Aldudes und folgen Straße und Bergbach, die sich das Tal teilen. Steil führt die D 948 und später die D 58 in die Berge. Ganz in der Nähe von Aldudes decken wir uns auf einem Bauernhof mit frischem Schafskäse ein. Die Region ist bekannt für den Ossau-Iraty: Der traditionell hergestellte Schafskäse ist geschützt und darf nur in bestimmten Bereichen des Béarn und des Baskenlands hergestellt werden.

Erneuter Grenzübertritt

Kaum haben wir uns mit dieser Spezialität eingedeckt, folgt schon gleich der nächste Grenzübergang und wir finden uns auf spanischem Boden wieder. Am südlichsten Punkt der Route drehen wir eine große Runde um den Stausee Embalse de Eugi, überqueren das 894 Meter hohe Alto de Egozkue und schlagen durch das Valle de Anue wieder den Weg nach Norden ein. Aber natürlich nicht ohne unser obligatorisches Picknick an einem der vielen spannenden Aussichtspunkte zu genießen.

AUTOREN-TIPP

LE TRAIN DE LA RHUNE Richtig Spaß macht die Fahrt mit dem Train de la Rhune. Die Zahnradbahn führt vom 169 Meter hohen Pass Col de Saint Ignace auf den Berg La Rhune in 910 Metern Höhe. Geschwindigkeitsrausch kommt hier nicht auf, die Durchschnittsgeschwindigkeit des Zuges beträgt ganze acht Stundenkilometer. Für die gut vier Kilometer lange Strecke braucht die Bahn rund 35 Minuten. Dafür ist die Aussicht aus dem Zug und erst recht vom Gipfel ein Traum. **www.rhune.com**

Zügig führt uns die gut ausgebaute Nationalstraße 121 mit einem langen Tunnel unter dem Puerto de Belate hindurch. Normalerweise wählen wir stets die oberirdische Variante und in der Regel ist das auch hier möglich. Allerdings ist die kurvenreiche Alternative über die enge Bergstrecke gerade für einige Tage gesperrt – Baustelle.

Immer weiter führt uns die Nationalstraße in Richtung Küste. Hier auf der Hauptverbindungsroute zwischen Navarras Hauptstadt Pamplona und der Côte Basque ist schon etwas mehr los als in der einsamen Bergwelt. Aber was soll's, die breit ausgebaute Straße lässt sich prima durchfliegen und jede Art von Auto ist schnell überholt.

Kurz vor dem Valle del Bidasoa setze ich bei Mugairi den Blinker. Weg von der schnellen Landstraße geht es über die ziemlich kurvenreiche und

Das Vallée des Aldudes bietet Traumpanoramen (oben). Auf dem Pass Alto de Egozkue geht es eher gemächlich zu (unten).

Im Lande **Don Quijotes**

Kastilien – La Mancha, die riesige, aber nur dünn besiedelte Autonome Gemeinschaft inmitten der Iberischen Halbinsel fasziniert mit einer unglaublichen Weite und interessanten Straßen, auf denen echtes Highway-Feeling entsteht. Im Süden locken als Kontrast die Montes de Toledo mit abwechslungsreichem Kurvenspaß und einsamen Bergregionen.

Unterwegs in den Montes de Toledo.

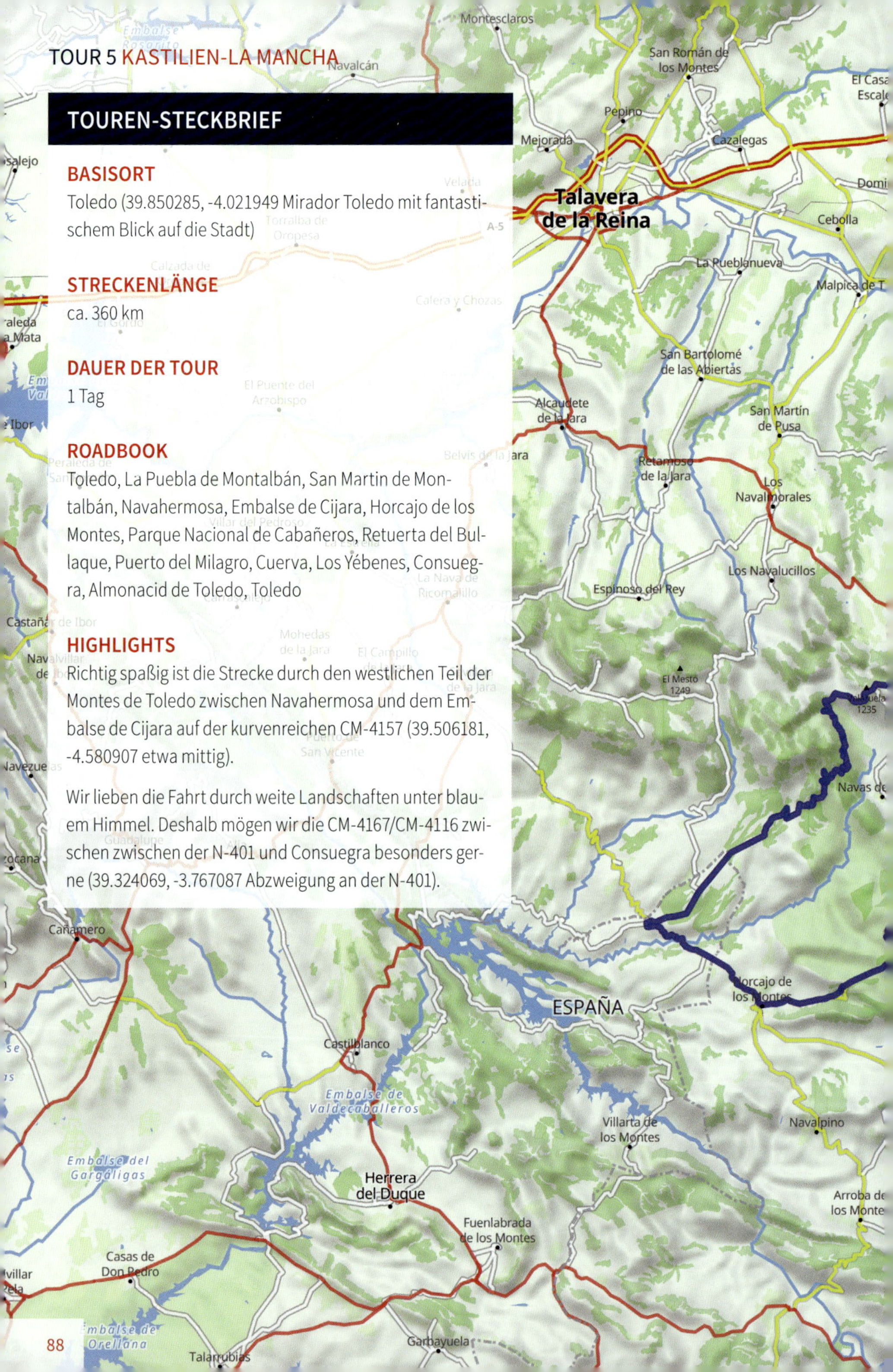

TOUREN-STECKBRIEF

BASISORT

Toledo (39.850285, -4.021949 Mirador Toledo mit fantastischem Blick auf die Stadt)

STRECKENLÄNGE

ca. 360 km

DAUER DER TOUR

1 Tag

ROADBOOK

Toledo, La Puebla de Montalbán, San Martin de Montalbán, Navahermosa, Embalse de Cijara, Horcajo de los Montes, Parque Nacional de Cabañeros, Retuerta del Bullaque, Puerto del Milagro, Cuerva, Los Yébenes, Consuegra, Almonacid de Toledo, Toledo

HIGHLIGHTS

Richtig spaßig ist die Strecke durch den westlichen Teil der Montes de Toledo zwischen Navahermosa und dem Embalse de Cijara auf der kurvenreichen CM-4157 (39.506181, -4.580907 etwa mittig).

Wir lieben die Fahrt durch weite Landschaften unter blauem Himmel. Deshalb mögen wir die CM-4167/CM-4116 zwischen zwischen der N-401 und Consuegra besonders gerne (39.324069, -3.767087 Abzweigung an der N-401).

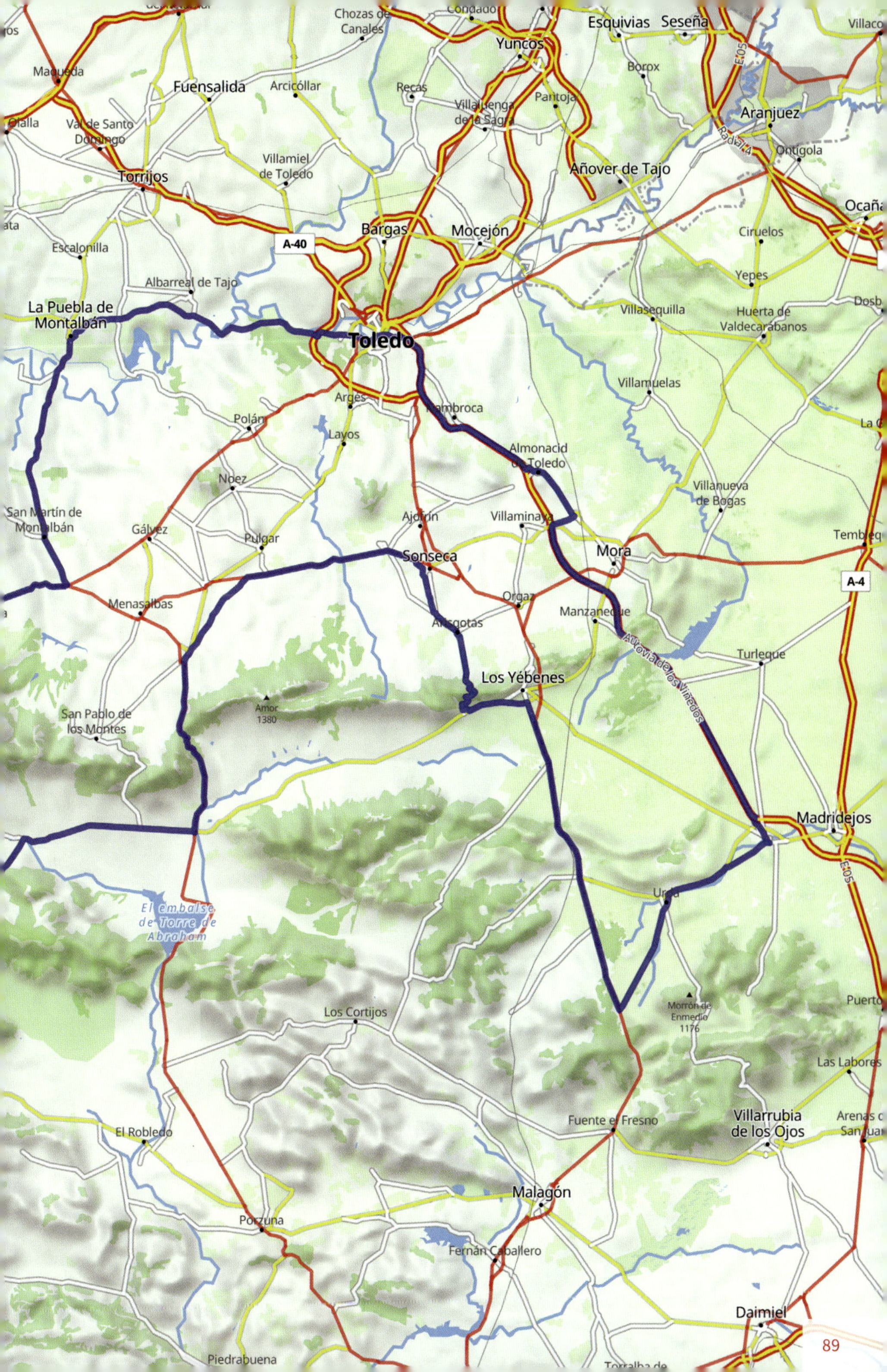
Chozas de Canales
Esquivias
Seseña
Yuncos
Maqueda
Fuensalida
Arcicóllar
Recas
Villaluenga de la Sagra
Pantoja
Borox
Aranjuez
Ontígola
Otalla
Val de Santo Domingo
Villamiel de Toledo
Torrijos
Añover de Tajo
Ocaña
A-40
Bargas
Mocejón
Ciruelos
Escalonilla
Yepes
Albarreal de Tajo
La Puebla de Montalbán
Toledo
Villasequilla
Huerta de Valdecarábanos
Argés
Cobisa
Villamuelas
Polán
Layos
Burguillos
Almonacid de Toledo
Nambroca
Noez
Villanueva de Bogas
San Martín de Montalbán
Ajofrín
Villaminaya
Gálvez
Pulgar
Sonseca
Mora
Tembleque
A-4
Menasalbas
Orgaz
Manzaneque
Arisgotas
Autovía de los Viñedos
Turleque
Los Yébenes
San Pablo de los Montes
Amor 1380
Madridejos
E-05
Urda
El embalse de Torre de Abraham
Morrón de Enmedio 1176
Los Cortijos
Las Labores
Fuente el Fresno
Villarrubia de los Ojos
El Robledo
Malagón
Porzuna
Fernán Caballero
Daimiel
Piedrabuena

Pérez

Völlig zurecht ist Toledo UNESCO-Weltkulturerbe.

Toledo, Hauptstadt der gleichnamigen Provinz und der Region Kastilien-La Mancha gehört für Kiki und mich zu den schönsten Städten Spaniens. Die historische Metropole liegt mittig der Iberischen Halbinsel inmitten einer Flussschleife des Tajo und ist unter anderem seit Hunderten von Jahren durch die mittelalterliche Brücke Puente de Alcántara zugänglich.

Schon seit über 30 Jahren steht die faszinierende Altstadt mit ihrer Kathedrale, der Festung, zahlreichen Sakralbauten und unzähligen bildschönen historischen Gemäuern unter dem besonderen Schutz der UNESCO. Wer einmal vom südlich der Altstadt

Toledos Kathedrale bei Nacht.

gelegenen Aussichtspunkt Mirador del Valle einen Blick über den Tajo auf die Stadt geworfen hat, wird sie garantiert so schnell nicht mehr vergessen.

Von Toledo aus starten wir unsere Entdeckungstour durch Kastilien-La Mancha. Die riesige Region, sie ist mit knapp 80 000 Quadratkilometern so groß wie Tschechien, ist nur dünn besiedelt. Das bemerken wir, kaum dass wir die dicken Mauern Toledos hinter uns lassen und dem Verlauf des Tajo nach Westen folgen. Bei La Puebla de Montalbán verlassen wir die noch relativ gut befahrene CM-4000, wenden uns gen Süden in die Richtung des Berglandes der Montes de Toledo und finden uns schnell in weitem, nahezu menschenleeren Land wieder.

Die CM-4009 ist perfekt ausgebaut, breit mit perfektem Asphalt. Wie auf einem amerikanischen Highway gleiten wir durch das flache Land, den Blick frei bis zum Horizont. Entspanntes Reisen ist hier angesagt. Kastilien-La Mancha ist hier nicht das Land für Knieschleifer und Kurvenjunkies, hier darf es auch gerne der Cruiser sein. Eine Landschaft, die uns dennoch fasziniert. Vereinzelte kleine Weiler gleiten an uns vorbei, verfallene Höfe, ruinöse Kirchengemäuer mitten im Niemandsland und scheinbar unendliche Weite.

Ruhiger Dienst

Bald passieren wir San Martin de Montalbán, rollen auf der Hauptstraße durch den Ort. An der Einfahrt zur Tankstelle steht eine Streife der Guardia Civil. Relativ lässig lehnen die beiden Beamten am Auto, grüßen uns freundlich zurück. Stressig sieht anders aus, es scheint ein ruhiger Dienst zu sein. Wenige Kilometer weiter biegen wir an einer riesigen, völlig über-

Toller Weitblick bei Navahermosa.

dimensionierten Kreuzung ab in Richtung Navahermosa. Langsam tauchen linker Hand die ersten Berge am Horizont auf und als wir dann bei Navahermosa auf die CM-4157 abbiegen, ändert sich die Straße schnell.

Deutlich schmaler und kurvenreicher geht es durch die Vorläufer der

Bergkette, der Asphalt wird rumpeliger. Wir kurven entlang riesiger Olivenhaine, schlängeln uns durch die immer bergiger werdende Landschaft. Immer spannender werden die Ausblicke rechts und links auf die umliegenden Täler.

Wie beim Rodeo

Irgendwann, kurz vor dem riesigen Stausee Embalse de Cijara, geht es zur Abwechslung mal wieder ein paar Kilometer schnurgeradeaus. Auch ganz witzig, vor allem, da der Verlauf der Straße gut einzusehen ist.

Vorbei am riesigen Stausee Embalse de Castrejón.

Also kann ich hier mal richtig Gas geben und mit ordentlich dreistelligem Tempo fliegen wir über die Strecke.

Tief federt die schwere Reiseenduro bei einigen langgestreckten Bodenwellen ein und wieder aus, das eine oder andere Schlagloch wird einfach weggebügelt. Wie beim Rodeo kommen wir uns vor, genießen den kühlenden Fahrtwind. Fast unbemerkt überqueren wir die Grenze von Kastilien-La Mancha hinüber in die Extremadura, um wenige Kilometer später links auf der CM-4106 den Schildern nach Ciudad Real zu folgen.

In Horcajo de los Montes erinnern mächtige Mühlsteine im Kreisverkehr an den Haupterwerbszweig der Region: Oliven. Gleich daneben werben ein paar Plakate für den Zirkus Parada und für den unvermeidlichen Stierkampf – Spanien eben. Parque Nacional de Cabañeros steht auf einem Schild, genau unsere Richtung.

Über die CM-4017 nehmen wir Kurs auf den Nationalpark, der mit seinem großen Wild- und Vogelreichtum streng geschützt ist. Nur wenige Wanderwege führen uneingeschränkt durch den Park. Wer mag, kann sich

auf ihre Kosten. Auch ich drehe ordentlich am Gasgriff und Schräglage für Schräglage arbeiten wir uns gen Norden. Ab Cuerva könnten wir zügig wieder zurück in Richtung Toledo steuern, es wären nur schlappe 30 Kilometer, aber auf unserem Plan stehen noch die vielen Windmühlen rund um Consuegra, die wir uns auf keinen Fall entgehen lassen wollen.

Also schlagen wir einen großen Bogen, wenden uns wieder gen Süden

In den weiten Ebenen von Los Yébenes.

und steuern Los Yébenes an. Unter Gourmets und Käseliebhabern hat Los Yébenes einen besonderen Ruf. Hier liegt in der Poligono Industrial la Cañada die Käserei Lordi, in der unter anderem der köstliche Manchego-Käse hergestellt wird. Bis zu 60 000 Liter Milch werden hier täglich verarbeitet. Es entstehen Rosmarin- und Ziegen- sowie Schafskäse und Käse in Olivenöl, aber eben auch der berühmte Manchego-Käse, der ausschließlich aus der Milch der regionalen und geschützten Schafsrasse entsteht.

Die Manchego-Schafe der registrierten Züchter weiden frei und ernähren sich von aromatischen Pflanzen und Korn der Region, was der Milch und damit dem Käse einen ganz einzigartigen Geschmack gibt. Den leckeren Käse gibt es natürlich in den örtlichen Läden. Man kann die Fabrik aber auch direkt besuchen.

Verfallene Gemäuer

Von Los Yébenes ist es nur ein Katzensprung nach Consuegra. Die N-401 führt uns wieder mit ihrem Highway-Feeling gen Süden. Wir passieren die Ruine des Castillo de Guadalerzas. Ganz Kastilien ist voll dieser Ruinen einst wehrhafter Kastelle. Manchmal sind sie ausgeschildert, oft entdeckt man die Gemäuer einfach auch nur durch Zufall.

Wir biegen ab auf die CM-4167, passieren Urda und rollen schließlich nach Consuegra hinein. Schon von weitem sind die Windmühlen zu erkennen, die seit dem 16. Jahrhundert auf dem Hügel der Stadt thronen. Von den einst 13 Mühlen sind heute noch elf erhalten. Ob hier wohl einst Don Quijote gegen seine Windmühlen kämpfte?

Es ist nicht so ganz klar, ob es diese Mühlen waren, die Miguel de Cervantes zu seinem berühmten Roman über den „Ritter von der traurigen Gestalt" inspirierten. In Consuegra behauptet man das gerne. Aber das tut man auch in Campo de Criptana und

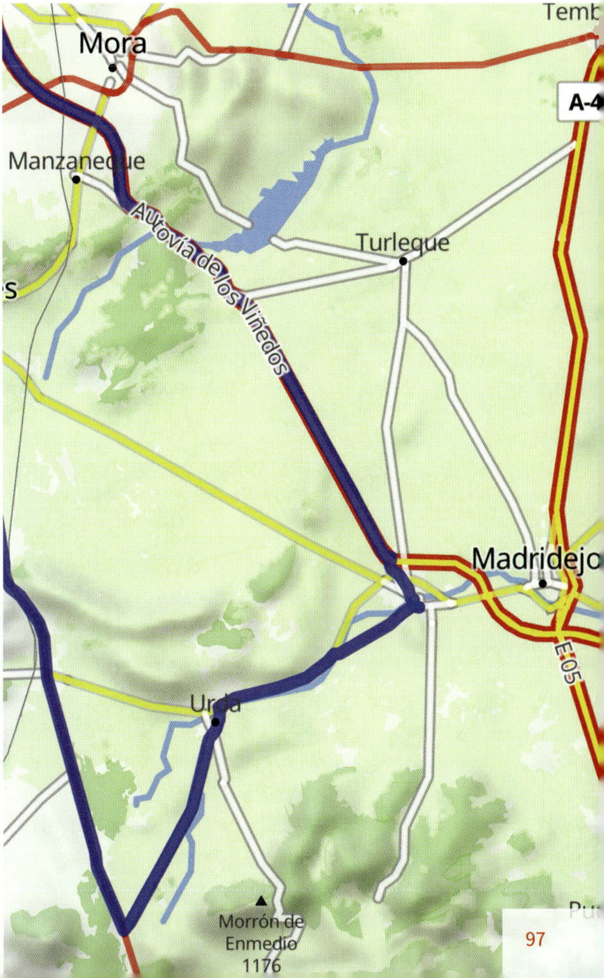

Rucio

Die Windmühlen von Consuegra könnten Cervantes inspiriert haben.

GS

Küsten und **Kurven**

Der Osten Andalusiens hält für den Motorradfahrer unzählige Highlights bereit. Die kurvenreichen Bergstraßen der Sierra de los Filabres, die Wüstenstrecken der Desierto de Tabernas und die schroffe und karge Felslandschaft um das Cabo de Gata bleiben garantiert für immer im Gedächtnis.

Spaniens südöstlichster Zipfel: das Cabo de Gata.

TOUREN-STECKBRIEF

BASISORT
Almería (36.833960, -2.463238)

STRECKENLÄNGE
ca. 335 km

DAUER DER TOUR
1 – 2 Tage

ROADBOOK
Almería, Nijar, Lucainena de las Torres, Circuito de Almería, Tabernas, Velefique, Bacares, Calar-Alto-Observatorium, Serón, Purchena, Cantoria, Puerto de la Virgen, Sorbas, Mojácar, Carboneras, Punta de los Muertos, Hortichuelas, San José, Cabo de Gata, Punta Negra, Cabo de Gata, Almeria

HIGHLIGHTS
Die unvergleichliche Passstraße über den Alto de Velefique zwischen den Orten Velefique und Bacares ist ein einmaliges Erlebnis inklusive Aussichtspunkt (37.225708, -2.411377).

Auch zurück über den Bergrücken der Sierra de los Filabres von Catoria nach Uleila del Campo führt eine fantastische, kurvenreiche Bergstrecke über den Purto de la Virgen (37.255474, -2.204811).

Die Küstenstraße am Cabo de Gata gehört mit ihren tollen Panoramen und dem Fahrspaß auf jeden Fall zu den Highlights dieser Runde (36.722975, -2.192835).

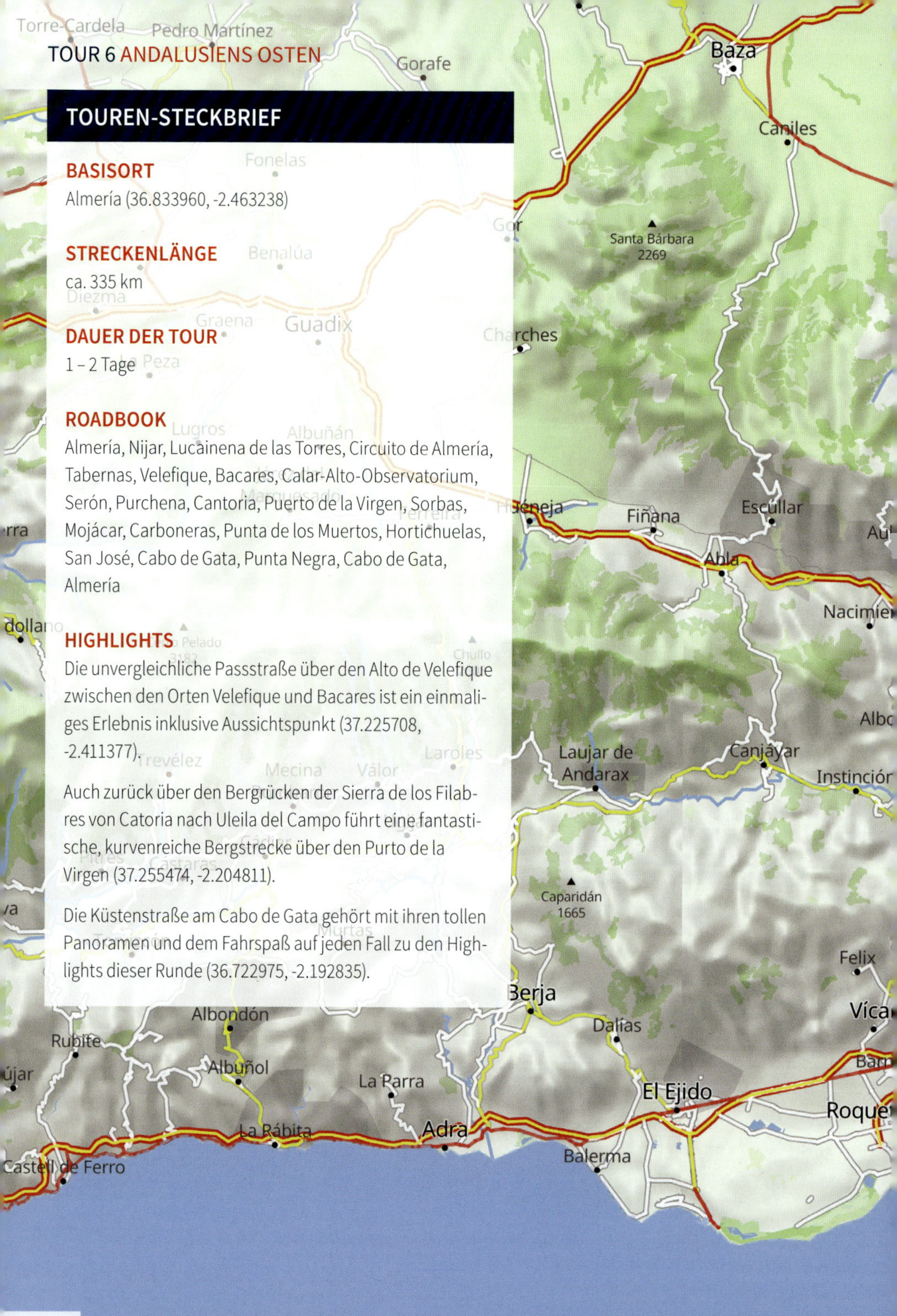

Las Pocicas
Úrcal
Saliente Bajo
Partaloa
Lúcar
El Prado
Albox
Huércal-Overa
Olula del Río
Cantoria
Serón
Tíjola
Zurgena
Cuevas del Almanzora
Laroya
Albanchez
Bacares
Aljariz
Vera
Tahal
Lubrín
Velefique
Uleila del Campo
El Chive
Garrucha
Los Gallardos
Moras
Gérgal
Sorbas
Tabernas
Lucainena de las Torres
A-92
Carboneras
Colativí
1387
Níjar
Gádor
Benahadux
San Isidro de Níjar
Huércal de Almería
El Viso
Almería
Los Albaricoques
Presillas Bajas
374

„Weißes Dorf“ in der Sierra de los Filabres.

Die Feigenkakteen Südspaniens sind eine echte Delikatesse.

Eines vorweg – der Osten Andalusiens ist ein klassisches Ganzjahresziel. Klar, im Sommer ist es natürlich knackig warm direkt gegenüber der marrokanisch-algerischen Küste. Aber im bergigen Hinterland lässt es sich auch dann meist aushalten und entspannt Motorrad fahren. Kiki und ich fahren schon seit Jahren fast jedes Jahr im Januar für einige Tage hinunter in Spaniens Süden und haben bisher fast immer das schönste Motorradwetter erleben dürfen. Schließlich regnet es am Cabo de Gata im Jahresdurchschnitt gerade mal an 25 Tagen. Auch dieses Kapitel ist um den Jahreswechsel herum entstanden und wir hatten dabei – wie man sieht – das schönste Sonnenwetter.

Almería, Hafenstadt und Hauptstadt der gleichnamigen Provinz, ist das ideale Basislager für abwechslungsreiche Motorradtouren im östlichen Teil Andalusiens. Hier gibt es nicht nur das ganze Jahr über angenehme Unterkünfte, auch die landschaftlichen Highlights wie das Cabo de Gata oder die fantastischen Berge der Sierra de los Filabres liegen ganz in der Nähe. Genau dies sind unsere Ziele und so schwingen Kiki und ich uns gleich nach dem Frühstück aufs Motorrad und suchen den Weg aus Almería heraus. Der Flughafen ist gut ausgeschildert und auf der autobahnähnlichen AL-12 wird die Stadt im Rückspiegel schnell kleiner. Vorbei an Retamar steuere ich für ein paar Minuten auf die Autobahn A-7 in Richtung Murcia, setze aber schon bald den Blinker und bei Abfahrt 479 folge ich den Schildern nach Nijar.

Herrliche Bergstrecke in der Sierra de los Filabres.

Strahlend weiße Häuser

Der schöne, maurisch geprägte Ort mit seinen strahlend weißen Häusern ist die letzte größere Ortschaft vor den mächtigen Bergen der Sierra de Alhamilla. Von hier führt eine Stichstraße nach Huebro, wo die Überreste der maurischen Burg und viele interessante Wanderwege locken. Uns zieht

Historische Eisenhütten bei Lucainena de las Torres.

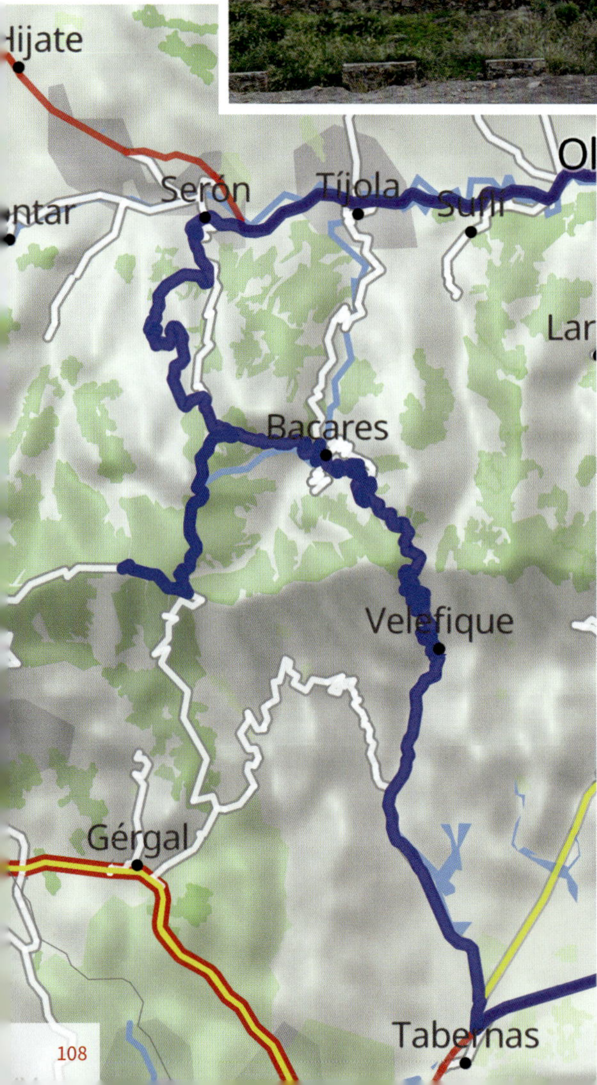

es allerdings in die Berge. Über die AL-102 verlassen wir Nijar gen Osten und finden uns sehr schnell auf einer fantastischen Strecke wieder. Zwar schmal, aber auf gutem Asphalt führt die Strecke durch das Bergland.

Erodierte Felsen, kleine Schluchten, Kakteen und Olivenbäume fliegen an uns vorbei. Macchia und Ginster ducken sich in der trockenen, braunen Landschaft zwischen den Felsen. Schräglage für Schräglage müssen wir uns den Weg erarbeiten. Irgendwann kommen wir um eine Kurve und ein braunes Schild verrät uns, dass wir nun in der Sierra Alhamilla sind. Der Blick ist einfach toll, graugrünes Bergland liegt vor uns, darüber der strahlend blaue Himmel. Und das alles, während es zu Hause irgendwo um den Gefrierpunkt regnet.

Kurz vor dem Ort Lucainena de las Torres passieren wir eine mächtige Solaranlage, wenige Minuten dahinter liegt der Aussichtspunkt Mirador Via Verde. Aber ganz ehrlich, wer braucht hier schon einen Aussichtspunkt? Die ganze Strecke ist ein einziger Aussichtspunkt und man muss schwer aufpassen, dass man sich von den ganzen tollen Panoramen nicht allzu sehr ablenken lässt.

Beliebte Rennstrecke

Lucainena de las Torres ist nicht mehr als eine kleine Ortsdurchfahrt, die wir schnell hinter uns lassen und über die ALP-130 erreichen wir die N-340. Die schnelle, sehr gut ausgebaute Landstraße führt schnurgerade gen Westen und nur einige Kilometer weiter liegt das Mekka der sportlich orientierten Motorradfahrer: der Circuito de Almería.

Die Rennstrecke ist bei Motorradfahrern extrem beliebt und wird gerne und reichlich für Trainingsfahrten genutzt. Natürlich lassen wir es uns nicht nehmen, mal dort vorbeizuschauen. Das Restaurant an der Rennstrecke ist um die Mittagszeit fast immer geöffnet und mit einem leckeren Café con leche und einem Sandwich lassen wir uns die Sonne ins Gesicht scheinen und lauschen dem Dröhnen der Rennmotoren.

Gut gestärkt steuern wir wenig später auf Tabernas zu. Nicht nur das Städtchen selber – es gilt übrigens als eines der trockensten Orte Europas – ist interessant, noch viel spektakulärer ist die Region um Tabernas herum: die Desierto de Tabernas, die Wüste von Tabernas. Sie gilt als einzige echte Wüste Europas und die gut 280 Quadratkilometer große Region steht seit 1989 unter besonderem Naturschutz.

Keine Frage, die Wüstenlandschaft ist eine eigene Reise wert. Es gibt viel zu entdecken und die Ähnlichkeit zum

Der Aussichtspunkt hält viele Motorradfahrer in seinem Bann.

Der Aussichtspunkt Mirador del Pedregal am Alto de Velefique.

amerikanischen Westen und seinen Landschaften ist so groß, dass hier schon Hunderte von Spielfilmen gedreht wurden – unter anderem solche Klassiker wie „Spiel mir das Lied vom Tod" oder „Für eine Handvoll Dollar".

Im Staub der Tabernas-Wüste wälzten sich schon Clint Eastwood, Charles Bronson, Bud Spencer und Terence Hill sowie zahlreiche weitere Filmstars. Wer will, kann sich in den Westernparks rund um Tabernas auf deren Spuren begeben und die eine oder andere Westernshow besuchen.

Kiki und ich stehen heute auf eine ganz andere Show, halten uns nördlich auf der AL-3102 und finden uns – ohne Übertreibung – auf einer der spektakulärsten Motorradstrecken Europas wieder: der Passstraße des Alto de Velefique.

AUTOREN-TIPP

DER CIRCUITO ANDALUCIA UND DER CIRCUITO DE ALMERÍA Seit vielen Jahren fest etabliert im Motorrad-Rennsport ist der Circuito de Almería ganz in der Nähe von Tabernas, etwa eine halbe Stunde von Almería entfernt. Die Rennstrecke mit einer Länge von 4025 Metern bietet mit ihren anspruchsvollen Kombinationen ordentliche Herausforderungen für Fahrer und Maschine. Auch die Infrastruktur ist gut aufgestellt. Die Boxen verfügen über eigene Sanitärbereiche und sind etwa 100 Quadratmeter groß. Getankt werden kann in rund drei Kilometer Entfernung an einer öffentlichen Tankstelle. In der Nähe der Rennstrecke gibt es Hotels und Restaurants. Auch als Besucher kann man meist mittags das Restaurant direkt an der Rennstrecke nutzen.

Als absolutes Novum haben die motorradbegeisterten Spanier direkt neben dem Circuito de Almería eine neue Rennstrecke aus dem trockenen Boden gestampft: den Circuito Andalucia. Die neue Strecke gilt als technisch sehr anspruchsvoll, wobei die Geländebeschaffenheit geschickt beim Streckenbau genutzt und somit eine spannende Achterbahn mit nicht weniger als 23 Kurven kreiert wurde. Moto2-Champion Tito Rabat hat hier persönlich Hand angelegt und beim Layout des schnellen Rings maßgeblich mitgearbeitet. Um beide Rennstrecken gleichzeitig nutzen zu können, bekommt der Circuito de Almería ein eigenes Fahrerlager und eine eigene Boxenanlage.

Alle Infos dazu im Internet unter **www.circuitodealmeria.com** und **www.andaluciacircuit.com**.

Ein unglaublicher Spaß

Zwischen den Orten Velefique und Bacares haben die Straßenbauer eine unglaubliche Arbeit abgeliefert. Hier folgt in der herrlichen Landschaft eine 180 Grad-Kurve der anderen, dazwischen geht es rechts und links ums Eck, das ganze auf griffigstem Asphalt und ausgebaut wie eine Rennstrecke – ein unglaublicher Spaß.

Etwa mittig der Strecke – etwas südlich der 1820 Meter hohen Passhöhe Puerto de Alto de Velefique – lohnt sich unbedingt ein Stopp beim Aussichtspunkt Mirador del Pedregal. Der Blick über die gesamte Region von den hohen Felsen aus ist einfach genial und auch der ganze Kurvenspaß der Passstraße lässt sich von hier überblicken.

Auch jenseits des Passes lockt die AL-3102 mit tollen Kurven bis unmittelbar vor dem Örtchen Bacares. Von dort sind es noch knappe 20 Kilometer über die AL-5407 und die A-1178 bis zum nächsten Highlight – dem Calar-Alto-Observatorium. Wie ein Ding aus einer anderen Welt ragt das schneeweiß glänzende Observatorium in den blauen Himmel. Hier sollte man unbedingt das Mopped abstellen und ein paar Meter am Observatorium vorbeigehen. Das Panorama von den Felsen hinter der Kuppel ist ebenfalls grandios und uns ist es wirklich schwergefallen, von hier wieder aufzubrechen.

Zurück über die A-1178 erreichen wir bald Serón, schlagen einen Haken nach Osten und über Purchena und Cantoria geht es erneut quer über die Bergkette der Sierra de los Filabres zurück in Richtung Küste. Dabei passieren wir den Pass Puerto de la

Das schneeweiße Observatorium auf dem 2 168 Meter hohen Calar Alto.

Virgen, der 1070 Meter hoch gelegen ist. Es ist fast überflüssig zu erwähnen, dass auch diese Passstraße nicht nur landschaftlich außerordentlich schön gelegen, sondern auch außerordentlich einsam ist. Nur ganz selten begegnet uns hier überhaupt irgendein Fahrzeug.

Straße mit Meerblick am Punta Negra.

Über Sorbas und die schnelle N-340 landen wir wieder an der Küste. In Mojácar, dem netten Küstenort, finden wir schnell ein einladendes Café. Gut gesättigt nehmen wir die Küstenstraße bis Carboneras unter die Reifen. Vorbei an langen Sandstränden und felsigen Küstenabschnitten führt uns die AL-5107 abwechslungsreich entlang der Meeresküste.

Ab Carboneras firmiert sie als AL-5106, führt am spektakulären Kap Punta de los Muertos vorbei und nimmt anschließend Kurs ins Landesinnere. Achtung, schnell ist die Abzweigung nach Fernán Pérez übersehen, die weiter nach Hortichuelas führt – wieder zurück an die Küste.

Und auch für den folgenden Küstenabschnitt bis San José fallen mir zur Beschreibung eigentlich nur Superlative ein. Wie eine Mondlandschaft er-

Eine lohnenswerte Sackgasse ist der Strand von San José.

scheinen die kargen Felsen rechts und links neben der Strecke, der Kontrast zum blauen Himmel und zum Meer ist einfach toll und die Straßenführung ein Gedicht. Viel los ist auch hier nicht und über viele Kilometer sind wir mal wieder ganz alleine unterwegs.

Lohnenswerter Abstecher

San José ist eigentlich eine Sackgasse, aber mit seinen schneeweißen Häusern, dem schönen Sandstrand und dem Sporthafen lohnt sich ein Abstecher hierhin. Es gibt nette Bars, Restaurants und Eisdielen und wer mag, findet hier auch schnell eine Übernachtungsmöglichkeit. Keine schlechte Idee, locken hier doch auch aussichtsreiche Wanderwege in die umliegenden Berge und entlang der schönen Küste.

Kiki und ich gönnen uns ein Eis, schwingen uns wieder aufs Mopped und mit einem großen Bogen um das südliche Ende der Bergkette Sierra del Cabo de Gata haben wir bald das namensgebende Kap Cabo de Gata erreicht. Bis Punta Negra folgen wir auch hier einer Sackgasse, weiter geht es nur noch zu Fuß oder mit dem Mountainbike. Macht aber nichts, diese tolle Strecke fährt man auch sehr gerne

zweimal. Hoch über dem Wasser fällt der Blick immer wieder hinaus aufs Meer.

Zurück nach Almería geht es dann über die AL-3115. Dazu noch ein Tipp: Wer schnell zurück möchte, fährt die Hauptstraße weiter und folgt später der AL-12 ins Zentrum. Alternativ lässt sich ab Retamar über Costacabana auch die küstennahe Nebenstrecke zwischen dem Meer und dem Flughafen hindurch befahren. Das ist ganz witzig, denn so hat man nicht nur noch ein paar schöne Blicke aufs Meer, man kann sich auch am westlichen Ende der Rollbahn die Flieger nur wenige Meter über den Kopf brummen lassen. ◀

Leuchtturm Cabo de Gata.

INFOS ZUR TOUR

CHARAKTERISTIK

Hier wird alles geboten: perfekte, gut ausgebaute Landstraßen, Bergstrecken mit griffigem Asphalt, holprige Nebenstrecken und aussichtsreiche Küstenstraßen. Überall ist entspanntes Cruisen möglich, man kann es aber auch perfekt sportlich angehen lassen, besonders auf dem Velefique. Wer mag, findet hier auch reichlich Gelegenheit für Abstecher neben dem Asphalt. Für einen Tag ist die Strecke schon weit, wer die vielen Höhepunkte dieser Runde genießen möchte, sollte sie auf zwei Tage aufteilen. Wie wäre es mit einem Tag in den Bergen und einem Tag am Meer?

PÄSSE DER TOUR

Über die Sierra de los Filabres von Süd nach Nord führt der grandiose Puento de Alto de Velefique in 1860 Metern Höhe (37.225551, -2.411432). Von Nord nach Süd geht es wieder zurück über den 1070 Meter hohen Puerto de la Virgen (37.255474, -2.204811).

ÜBERNACHTUNG

Hotel Nuevo Torreluz

Plaza Flores 10, 04001 Almería
Sehr zentral gelegen, perfekt zur Erkundung Almerías, moderne Zimmer und freundliches Team, leckeres Frühstück, Bar mit Terrasse, eigene Garage.
www.nuevotorreluz.com
GPS 36.840677, -2.465156

Parador de Mojácar

Avenida del Mediterráneo 339, 04638 Mojácar
Das sehr moderne Mitglied der Parador-Kette ist perfekt ausgestattet, bei Motorradfahrern beliebt, bietet eine tolle Lage direkt am Meer und ein gutes Restaurant. Uns hat es dort sehr gut gefallen.
www.parador.es
GPS 37.132256, -1.830391

KOMBINATIONSMÖGLICHKEITEN

Diese Runde durch den Osten Andalusiens lässt sich natürlich gut mit der zweiten Andalusien-Tour (Kapitel 7) verbinden.

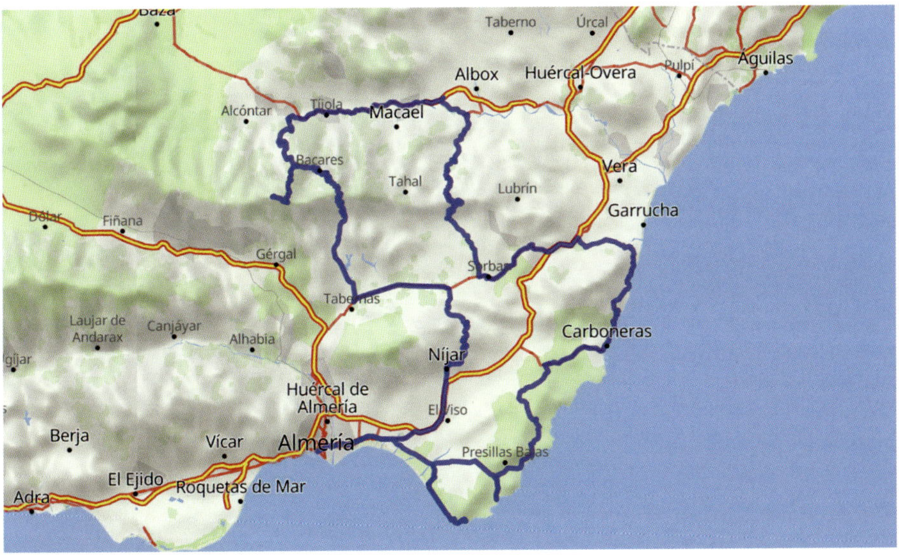

Durch die **Sierras**

Die bildschönen und berühmten weißen Dörfer Andalusiens reihen sich entlang der spannenden Motorradstrecken durch Spaniens südlichste Region wie Perlen an einer Schnur. Nicht nur landschaftlich jagt hier ein Höhepunkt den nächsten. Auch Kurvenjunkies kommen auf den Straßen durch die Sierras voll auf ihre Kosten.

Die Serranía de Ronda bietet eine spektakuläre Berglandschaft.

TOUREN-STECKBRIEF

START- UND ZIELORT

Nerja (36.745002, -3.876443)
Arcos de la Frontera (36.755635, -5.820065)

STRECKENLÄNGE

ca. 390 km

DAUER DER TOUR

1 – 2 Tage

ROADBOOK

Nerja, Algarrobo-Costa, Competa, Alfarnate, Colmenar, Puerto del Leon, Puerto de la Torre, Embalse de Casasola, Villanueva de la Concepción, Torcal de Antequera, Mirador Las Ventanillas, Antequera, Álora, Ronda, Setenil de las Bodegas, Olvera, Algodonales, Zahara, Grazalema, El Bosque, Arcos de la Frontera.

HIGHLIGHTS

Die Fahrt von der A-7075 hinauf in das Besucherzentrum des El Torcal spendiert fantastische Ausblicke in die Sierra de Chimenea (36.964243, -4.510901).

Faszinierend ist die Reise über die beiden Pässe Puerto del Viento und Puerto de los Ladrones zwischen El Burgo und Ronda (36.778154, -5.065574).

Westlich von Grazalema verläuft die Ruta de los Almorávides über die A-372, ein fahrerischer und landschaftlicher Traum (36.761736, -5.377590).

Unterwegs in der kargen Landschaft der Sierra de Zafalgar.

Natürlich lassen wir uns das nicht nehmen. Auf dem Weg von Nerja, wo wir die Nacht verbracht haben, nach Algarrobo-Costa, wo wir gleich von der herrlichen Costa del Sol ins Hinterland abbiegen wollen, passieren wir auf der Küstenstraße ein schönes Stückchen Sandstrand – menschenleer und verlassen.

Jetzt, am frühen Morgen, haben sich hier noch keine Badenden eingefunden. Also runter von der Straße, rein in den Sand. Dank der Stollenreifen hat die zentnerschwere Reiseenduro kein Problem mit der Traktion. Ein paar Runden durch den Sand machen Spaß – so lässt sich der Tag gut anfangen.

Ein paar Minuten später habe ich wieder festen Untergrund unter den Reifen, suche in Algarrobo-Costa die Abzweigung nach Cómpeta. Lange brauche ich nicht suchen, die A-7206 ist an einem Kreisverkehr gut ausgeschildert. Noch schnell die Autobahn überqueren und schon geht hinter der Stadtgrenze der Kurvenspaß los.

Durch das Tal des Rio de Algarroboy Sayalonga schlängelt sich der Asphalt gen Norden. Zahlreiche Olivenhaine huschen an uns vorbei, angelegt an den steilen Hängen auf unzähligen Stufen. Ein paar kernige Serpentinen sorgen für ordentliche Schräglagen, kein schlechter Einstieg in die Region.

An Kakteen mangelt es in diesem Teil Spaniens nicht.

Kurz vor Competa teilt sich die Straße. Wir halten uns links, nehmen Kurs auf die Sierra de Tejeda. Der Höhenzug der Sierra ist nicht nur ein geschützter Naturpark, auf seinem Rücken verläuft auch die Grenze zwischen den Provinzen Málaga und Granada.

Abstecher zum See

Was für eine tolle Kurverei. Zwischen Olivenbäumen, Felsen, schneeweiß leuchtenden kleinen Weilern und blühender Macchia hindurch arbeitet sich die Straße durch das Land. Hier und da kommt uns mal ein Auto entgegen, aber eher selten. Am Horizont ragen teils bewaldete, teils kahle Berge hoch in den blauen Himmel.

Nördlich des Stausees Embalse de la Viñuela genießen wir die Fahrt über die A-7204. Wer mag, kann auch einen Abstecher zum See machen. Der wird auch kräftig touristisch genutzt. Es gibt einladende Picknickplätze, man kann Kanus mieten und im türkis schimmernden Wasser lässt es sich prima abkühlen. Uns zieht es aber weiter durch die abwechslungsreiche Landschaft. Über Alfarnate geht es nach Colmenar und hinauf auf den 960 Meter hohen Pass Puerto del Leon. Etwas südlich davon, auf der A-7000 etwa bei Kilometer 20, haben die lokalen Straßenbauer ein kleines Meisterstück abgeliefert. Gleich zweimal geht es statt über Serpentinen über eine knackige 360-

Das bildschöne Ortsschild von Alfarnatejo.

Grad-Kurve bergab, wobei die Straße dann unter sich selber hindurch führt.

Wenige Hundert Meter später liegt in einer weiteren kernigen Kurve ein fantastischer Aussichtspunkt, der ein tolles Panorama über die Küste und über das nicht weit entfernte Málaga bietet – hier lohnt sich ein Stopp.

Fachsimpeln mit Einheimischen Motorradfans.

Blick von der Terrasse

Während einer unserer letzten Besuche gab es hier noch ein nettes Restaurant. Das scheint derzeit aber geschlossen. Aber wer weiß, vielleicht hat es ja in wenigen Monaten schon einen neuen Besitzer gefunden, das wäre schön. Der Blick von der Terrasse bei einem leckeren Café con Leche ist perfekt.

Von hier bis Málaga ist es nur ein Katzensprung. Da wir aber weiter das Hinterland erkunden und nicht durch den dichten Verkehr Málagas rollen wollen, legen wir ein kurzes Stück auf der autobahnähnlichen A-7 zurück, die wir bei Puerto de la Torre wieder verlassen und Kurs auf das Embalse de Casasola nehmen. Oder besser gesagt: nehmen wollen. Denn an dem Kreisverkehr unter der Schnellstraße stoppt uns erst mal der Arm des Gesetzes.

Wie öfter schon mal an Verkehrsknotenpunkten wird hier heute kontrolliert. Und der ausgestreckte Zeigefinger des uniformierten Kollegen zeigt deutlich erkennbar auf uns. Nicht zum ersten Mal machen wir aber auch hier die Erfahrung, dass nach einem Blick aufs Nummernschild die Kontrolle schnell zu Ende ist. Als Touristen sind wir wohl per se unverdächtig und nach einem kurzen Blick auf den Führerschein dürfen wir wieder von dannen fahren.

Kurz vor dem Embalse de Casasola teilt sich die Straße. Beide Strecken führen weiter nach Antequera, wir empfehlen auf jeden Fall die rechte: die A-7075. Die hat einwandfrei mehr Spaßpotential, führt teilweise mit schönen Ausblicken am Stausee vorbei und lockt mit unzähligen Kurven und einer faszinierenden Landschaft. Nur wenige Minuten hinter Villanueva de la Concepción finden sich die Hinweisschilder nach El Torcal beziehungsweise Torcal de Antequera.

Wie im Flugzeug

Hier heißt es links abbiegen, es geht an einer Schranke vorbei und eine kurvige Bergstraße hinauf. Die führt zum Mirador Diego Monea und mit

Auffahrt zum Torcal de Antequera.

Olvera, eines der vielen weißen Dörfer Andalusiens.

gen. Sie ist ein Teilstück der insgesamt gut 400 Kilometer langen Route der Almoraviden, die in Tarifa beginnt und bis nach Granada führt. Entlang der ausgeschilderten Touristikroute liegen zahlreiche Burgen, Verteidigungsanlagen und andere architektonische Erben der Maurischen Zeit.

Immer wieder überraschen uns die Bauwerke und die beeindruckenden weißen Dörfer, die so oft unvermittelt in der Landschaft auftauchen. Aber

auch die Straße selbst ist ein Gedicht. Sie windet sich durch die Landschaft wie eine ausgeworfene Luftschlange, führt um schroffe Gipfel herum, über sanfte Hügel hinüber, folgt hier und da einem ausgetrockneten Flussbett, um im gleichen Moment wieder mit einer krassen Kurve einem der unzähligen Olivenhaine auszuweichen. Und das Ganze fast immer mit einem guten, griffigen Belag. Motorradfahrer-Herz, was willst du mehr?

Außergewöhnliche Lage

Wer diese abwechslungsreiche Tour durch den Westen Andalusiens lieber auf zwei Tage aufteilen möchte, findet in Ronda den perfekten Ort zur Übernachtung. Das ungemein schöne Ronda gilt nicht nur als eines der größten weißen Dörfer Andalusiens, es ist auch durch seine außergewöhnliche Lage bemerkenswert. Die beiden Stadtteile, zum einen die maurisch geprägte Altstadt La Ciudad, zum anderen der jüngere Ortsteil El Mercadillo, sind voneinander durch eine rund 100 Meter tiefe Schlucht geteilt, die der Río Guadalevín im Laufe der Jahrtausende in die Felsen schmirgelte. Nicht weniger als drei Brücken verbinden heute die beiden Stadtteile, unter anderem die bekannte und spektakuläre El Puente Nuevo aus dem 18. Jahrhundert. Die Liste der weiteren Sehenswürdigkeiten in Ronda ist lang und es würde den Rahmen sprengen, sie hier alle aufzuzählen. Schon mehr als einmal haben wir hier übernachtet, sind durch die schmalen Gassen der Stadt gebummelt und haben den Flair dieser tollen Stadt genossen.

Der Stausee Embalse de Zahara zu Füßen des Dorfes Zahara.

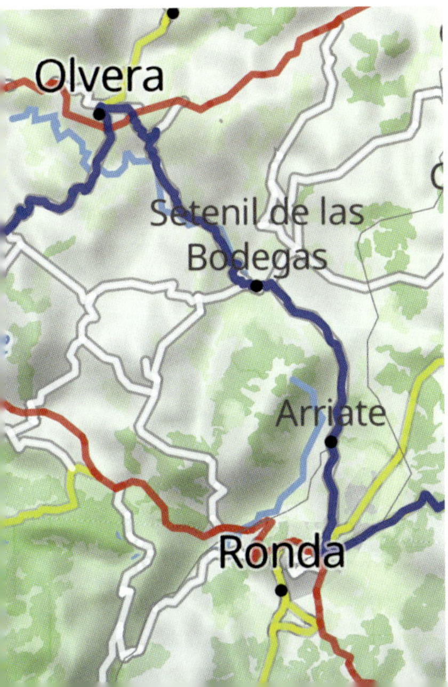

Heute belassen wir es bei einem kurzen Stopp, verlassen Ronda auf der A-374 und steuern in Richtung Setenil de las Bodegas. Setenil ist vor allem bekannt durch seine urigen Altstadt-

Pause in Grazalemas schönem Zentrum (oben) und ein weißes Dorf an der Ruta de los Almorávides.

Häuser, die in eine schmale Schlucht gebaut wurden. Dabei dienen die überhängenden Felsen noch heute als Hausdächer.

Wir passieren Olvera und Algodonales und landen in Zahara, das weit oberhalb des riesigen Stausees Enbalse de Zahara auf einem schmalen Plateau liegt und einen fantastischen Blick über den türkis schimmernden See bietet. Etwas südlich davon, bei Grazalema, einem weiteren bildschönen weißen Dorf, erreichen wir schließlich wieder unsere alte Bekannte, die Ruta de los Almorávides. Entlang der A-372 gibt sie noch mal alles und überzeugt uns mit tollen Panoramen, weiteren weißen Dörfern und ihrer Streckenführung, die reichlich Spaß bietet.

El Bosque, südlich der Sierra de Zafalgar gelegen, ist schließlich die letzte Etappe auf unserer Route durch den Westen Andalusiens bevor wir in Arcos de la Frontera deren Ende erreichen. Nicht ganz ohne Grund gilt Arcos als eines der schönsten weißen Dörfer Andalusiens. Vor allem die auf einem hohen Felsen oberhalb des Flusses Guadalete liegende Altstadt begeistert uns immer wieder – der perfekte Ort, um diese kurzweilige Reise ausklingen zu lassen. ◀

INFOS ZUR TOUR

CHARAKTERISTIK

Die faszinierenden Strecken durch die Sierras und zwischen den weißen Dörfern sind extrem kurvenreich und bisweilen etwas eng, aber allesamt entspannt zu fahren. Bitte dennoch aufmerksam bleiben. Hier tuckert schon mal der 85 Jahre alte Bauer mit seinem Fiat Panda über die Landstraße. Die Landschaft ist ein Traum, es gibt unendlich viel zu sehen. Vorsicht nach Unwettern oder starkem Regen, dann sind die Straßen schon mal sehr verschmutzt und es dauert lange, bis die Straßenreinigung durch ist – wenn überhaupt.

PÄSSE DER TOUR

Es geht los mit dem Puerto del León nördlich von Málaga: Er ist 960 Meter hoch (36.820251, -4.353429). Zwischen Àlora und Ronda warten gleich drei Pässe auf Motorradreisende: Puerto de las Abejas, 820 Meter (36.755826, -4.930759), Puerto del Viento, 1190 Meter (36.788990, -5.048499) und Puerto de los Ladrones, 1150 Meter (36.774612, -5.088659). Bei Grazalema führt der Puerto del Boyar in 1103 Metern Höhe über den Bergrücken (36.756374, -5.395394).

ÜBERNACHTUNG

Hotel San Francisco

Calle Maria Cabrera 18-20, 29400 Ronda

Kleines, freundliches und modernes Hotel, zentral gelegen, leckeres Frühstück, schöne Dachterrasse, prima Preis- / Leistungsverhältnis, hat uns sehr gut gefallen.

www.hotelsanfrancisco-ronda.com

GPS 36.743463, -5.162943

Parador de Nerja

Calle Almuñecar 8, 29780 Nerja

Modernes Parador-Hotel mit Aufzug direkt an den Strand, tolle Anlage mit Pool, perfektes Frühstück, gemütliche Atmosphäre und klasse Service.

www.parador.es

GPS 36.750019, -3.870907

KOMBINATIONSMÖGLICHKEITEN

Diese Runde durch den Westen Andalusiens lässt sich natürlich gut mit der anderen Andalusien-Tour (Kapitel 6: Andalusiens Osten) verbinden.

Von Störchen **und Stieren**

Die Extremadura, im Südwesten Spaniens an der Grenze zu Portugal gelegen, ist eine einsame, aber bildschöne Landschaft, gespickt mit Bergen und Seen, aber auch fantastischen Kulturgütern und Bauwerken. Die perfekte Region für eine kurzweilige Entdeckungsreise mit dem Motorrad.

Im Embalse de Alcantara wird der Tajo, der längste Fluss der Iberischen Halbinsel, gestaut.

TOUREN-STECKBRIEF

BASISORT
Alcántara (39.717710, -6.881594)

STRECKENLÄNGE
ca. 650 km

DAUER DER TOUR
2 Tage

ROADBOOK
Alcántara, Embalse de Alcántara, Puerto de la Serrana, Parque Natural de Monfragüe, Embalse de Torrejón-Tajo, Plasencia, Jaraiz de la Vera, Valdastillas, Puerto de Honduras, Hervás, Puerto de Honduras, Valdastillas, Jaraiz de la Vera, Jarandilla de la Vera, Navalmoral de la Mata, Embalse de Valdecañas, Guadalupe, Trujillo, Cáceres, Alcántara

HIGHLIGHTS
Die kurvenreiche Fahrt durch den Parque Natural de Monfragüe ist für uns eine der schönsten Strecken Zentralspaniens – Fahrspaß pur und Natur satt (39.847473, -6.029782 Naturparkzentrum in Villarreal de San Carlos).

Recht anspruchsvoll, aber umso faszinierender ist die Fahrt über den 1269 Meter hohen Puerto de Piornal ins Jertetal (40.121934, -5.826578).

Auch nördlich des Rio Jerte geht es zur Sache. Hier lockt die Passfahrt über den Puerto de Honduras (40.221847, -5.871770).

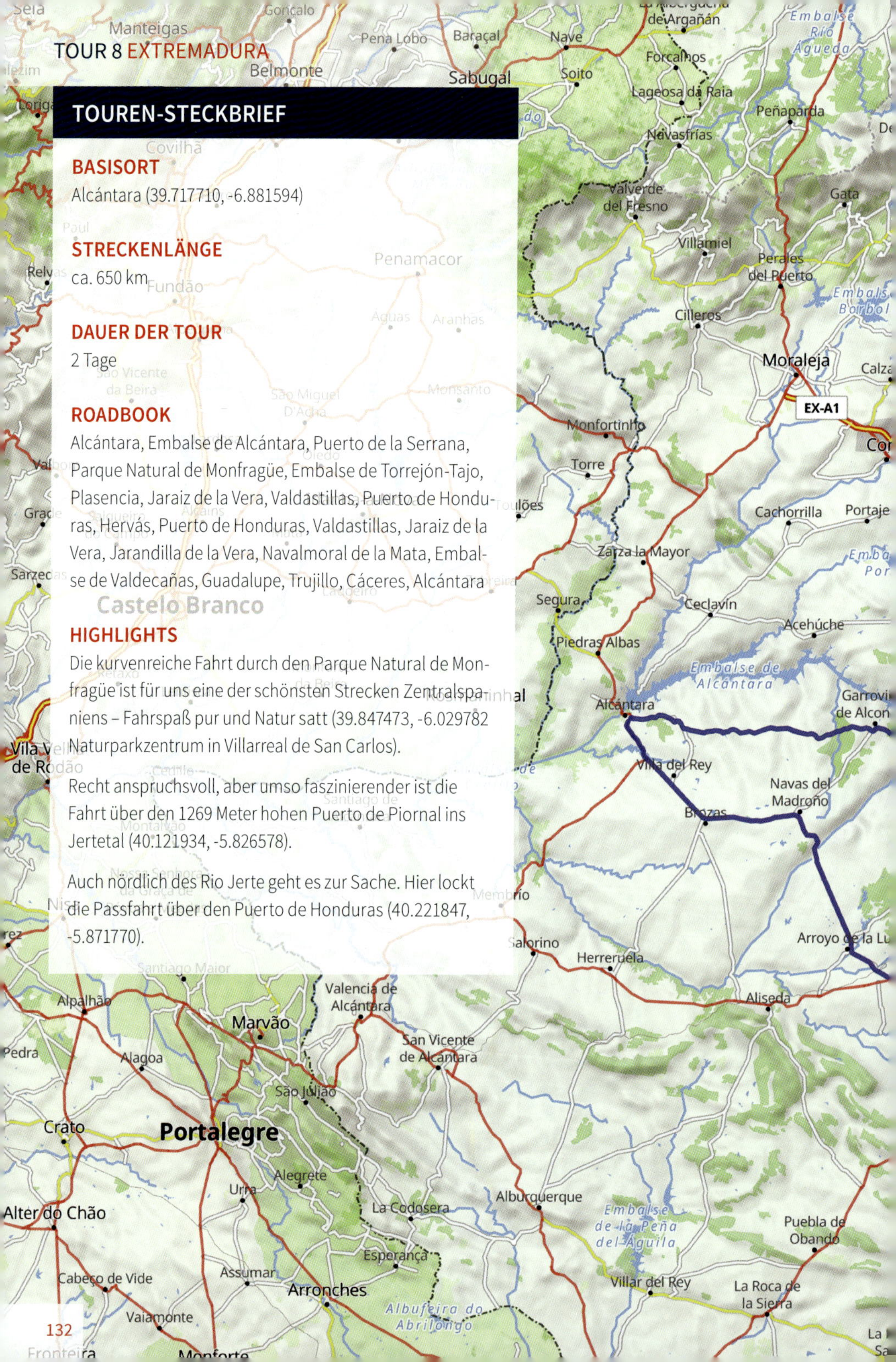

Nuñomoral
Valdehijaderos
Béjar
Becedas
Valdelageve
El Barco de Ávila
Zapardiel de la Ribera
Lagunilla
La Garganta
Bohoyo
Embalse de Gabriel y Galán
Pinofranqueado
Embalse de Baños
Puerto Castilla
Zarza de Granadilla
Gargantilla
Tornavacas
Palomero
La Galana 2572
Casas del Monte
Cabezuela del Valle
Ahigal
Aceituna
Embalse de Valdeobispo
Oliva de Plasencia
El Torno
Jarandilla de la Vera
Villanueva de la Vera
Piornal
Montehermoso
Embalse de Plasencia
Barrado
Embalse Rosarito
Jaraiz de la Vera
Carcaboso
Plasencia
Tiétar
Las Ventas de San Julián
Morcillo
Tejeda de Tiétar
Rosalejo
EX-A1
Galisteo
Talayuela
European route E803
Majadas
Riolobos
Navalmoral de la Mata
Calzada de Oropesa
Embalse de Torrejón-Tiétar
Casatejada
El Gordo
Mirabel
Saucedilla
Serradilla
Embalse de Valdecañas
Embalse de Arrocampo
Embalse de Torrejón-Tajo
Mesas de Ibor
Peraleda de San Román
Romangordo
Hinojal
Fresnedoso de Ibor
Jaraicejo
Santiago del Campo
Monroy
Deleitosa
Castañar de Ibor
La Aldea del Obispo
Torrecillas de la Tiesa
Carretera Europea 90
Santa Marta de Magasca
Aldeacentenera
Navezuelas
Cáceres
A-58
Trujillo
Guadalupe
Berzocana
Madroñera
La Cumbre
Garciaz
Cañamero
Torreorgaz
Herguijuela
Pantano de Valdesalor
Botija
Logrosán
Ibahernando
Aldea del Cano
Robledillo de Trujillo
Zorita
Embalse del Ruecas
Valdefuentes
Casas de Don Antonio
Abertura
Montánchez
Embalse de Sierra Brava
Alcuéscar
Almoharín
Campo Lugar
Embalse del Gargáligas
Miajadas
Madrigalejo
Casas de Don Pedro
Navalvillar de Pela

Die Extremadura, eine der 17 autonomen Regionen Spaniens, gehört mit 26 Einwohnern pro Quadratkilometer zu Spaniens bevölkerungsärmsten Gegenden. Eine bewegte Geschichte hat diese Region hinter sich.

Kelten siedelten in der Extremadura schon vor 3000 Jahren, danach eroberten die Karthager die Region, die ihrerseits von den Römern abgelöst wurden. Besonders diesen hat die Extremadura viele historische Bauten zu verdanken. Heute führt die Extremadura ein beschauliches Dasein. Ganz zu unrecht lassen viele Reisende sie auf ihrem Weg in den Süden links liegen. Uns ist das ganz recht, sind wir

70 Meter hoch und 150 Meter lang ist die Brücke Puente de Alcántara.

doch auf der Suche nach erholsamer Ruhe und Einsamkeit, fernab jeglicher Hektik des Alltags.

In Alcántara genießen wir ein gutes Frühstück; starker Kaffee weckt die Lebensgeister. Die Vorfreude steigt, denn nur wenige Meter vor der Stadtgrenze dieses kleinen Örtchens liegt eines der eindrucksvollsten Bauwerke der Iberischen Halbinsel. Wir verlassen Alcántara in Richtung der portugiesischen Grenze über einen schmalen, gepflasterten Weg, passieren das Kloster der Las Monjas Comendadores, den ersten Tempel der Alcántara-Ritter und da liegt sie vor uns. Imposant und gewaltig, 150 Meter lang, 70 Meter hoch: die römische Brücke über den Rio Tajo.

Für viele Iberer gilt die im Jahr 103 eingeweihte Brücke aus Granitsteinen als schönstes Monument Spaniens. Beeindruckt rollen wir langsam über das Pflaster dieses seit Jahrhunderten häufig und heftig umkämpften Bauwerkes. Wer mag die sechs Bögen dieser Brücke schon alles überschritten haben? Ganze Heere, mehr oder weniger siegreich, die Ritter des Alcántara-Ordens auf ihrem Weg nach Portugal?

Santa Maria de Almocovar in Alcántara.

Steppenähnliche Weite

Auf kleinen Nebenstrecken folgen wir dem Rio Tajo in Richtung Osten. Manchmal fällt unser Blick auf den aufgestauten Fluss, dann entfernen wir uns wieder von ihm. Wir fahren durch eine weite, steppenähnliche Landschaft. Nur ganz selten kommt uns mal ein Auto entgegen. Rechts und links der Straße liegen riesige Weiden, saftige Wiesen, grüne Büsche.

Die mächtigen Stiere der Extremadura fühlen sich in dieser Region wohl, in der auch das

Zuchtgebiet der fast schwarzen Ibérico-Schweine liegt. Die mit den Eicheln der Kork- und Steineichen gefütterten Borstentiere sind die Lieferanten des bei Feinschmeckern geschätzten Schinkens.

In der Luft liegt ein Geruch von Rosmarin, Lavendel, Wacholder und allem, was rechts und links des Asphalts so alles grünt und blüht. Wie ausgestorben wirkt das Land südlich des größten Stausees Europas, des Embalse de Alcántara. Kilometerlang fegen wir über leere Straßen.

Lebensraum für Greifvögel

Etwas südlich des Puerto de la Serrana, einem 387 Meter hoch gelegenem Pass passieren wir die Grenze des Parque Natural de Monfragüe. Der Naturpark am Zusammenfluss von Rio Tajo

Im Parque Natural de Monfragüe: Embalse de Torrejón-Tajo (links), Geier und ein kurzer Schotterabschnitt (unten).

und Rio Tiétar ist ein einzigartiges Reservat und bietet einen idealen Lebensraum für Greifvögel, wie es ihn sonst in Europa kaum noch gibt.

Auch wir brauchen nicht lange zu suchen. Am Embalse de Torrejón-Tajo lassen wir das Motorrad stehen, klettern ein wenig in den Felsen herum, legen uns auf den Rücken und schauen uns das Treiben über unseren Köpfen an. Mächtige Mönchs- und

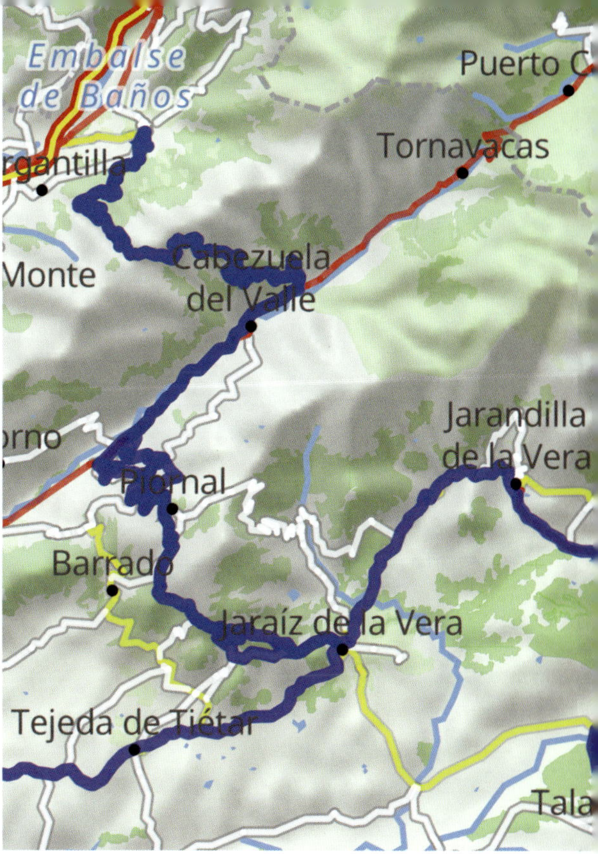

Die Talsperre Embalse de Torrejón-Tajo.

Gänsegeier mit einer Spannweite von über zweieinhalb Metern gleiten in majestätischer Ruhe durch den blauen Himmel. Wie wir im Informationszentrum des Naturparks in Villarreal de San Carlos erfahren haben, lebt hier die größte Kolonie Mönchsgeier der Welt mit etwa 225 Paaren.

Perfekt für Schräglagen

Die Weide-, Wald- und Berglandschaft des Monfragüe ist Motorradfahrerland. Auf dem rauen Asphalt fallen wir von einer Schräglage in die nächste, es geht bergauf, bergab: Kaum haben wir die eine Kehre hinter uns, bremse ich die nächste an.

Um gleichzeitig die fantastische Natur zu genießen, halten wir das eine oder andere Mal an, schauen von oben in die Seen, wo man mit ein wenig Glück auch Fischotter sehen kann. Den zweifellos interessantesten Tieren der Extremadura wird man als Tourist allerdings kaum begegnen. Etwa 35 bis 40 Wölfe streifen derzeit durch die Weiten der Region.

Über die gut ausgebaute EX 108 verlassen wir den Park wieder, gönnen uns ein paar schnelle Kilometer in Richtung Plasencia. Das gehört mit seinen rund 37000 Einwohnern schon zu den größeren Orten der Extremadura und in der geschäftigen Stadt gibt es deutlich mehr Leben als im kargen Umland.

In der 400 Meter hoch gelegenen Stadt am Rio Jerte herrscht meist auch im Sommer ein erträgliches Klima. Schnell haben wir den Weg durch die Stadtmauern in die Altstadt gefunden. Wir stellen unsere BMW ab und schlendern durch die engen Gassen. Am Plaza Mayor, unter den Arkaden der weiß getünchten Häuser, gönnen wir uns vor einer Bar einen Café solo, den im Glas servierten, extra starken Espresso, und lassen das bunte Treiben auf uns wirken.

Die EX203 führt uns in östlicher Richtung wieder hinaus aus Plasencia, wir folgen ihr bis Jaraiz de la Vera. „Recorrido difícil o peligroso" verkündet

Auf dem 1440 Meter hohen Pass Puerto de Honduras.

unsere Michelin-Straßenkarte für die nächsten Kilometer, was so viel heißt wie „Schwierige oder gefährliche Straße". Klingt gut, genau der richtige Einstieg in die Sierra de Gredos. Eine wilde Kurvenorgie führt uns über einen mächtigen Höhenzug in das Tal des Rio Jerte nach Valdastillas. In dessen Umgebung blühen im Frühjahr Tausende Kirsch- und Mandelbäume.

Von acht auf 30 Kilometer

Nach einigen Kilometer heißt es links abbiegen. Uns lockt der 1440 Meter hohe Puerto de Honduras in die Berge. Das dahinter liegende Hervás liegt auf unserer Karte gerade mal zwei Zentimeter vom Tal entfernt. Bei einem Maßstab von 1 zu 400000 sollten das etwa acht Kilometer sein. Das daraus auf der Straße weit über 30 Kilometer werden, sagt einiges über die kurvenreiche Strecke aus. In wilden Kehren und Serpentinen schraubt sie sich in die Höhe.

Immer weiter wird der Blick über die umliegende Landschaft, immer felsiger präsentiert sich die Umgebung. Wirklich schwierig oder gefähr-

Traumkurve bei Castanar de Ibor.

Kurvenspaß auf 2,5 Kilometern bei Guadelupe.

lich ist die Straße aber nicht. Lediglich das eine oder andere fehlende Stück Leitplanke lässt mich über die Folgen einer Unachtsamkeit nachdenken.

Historische Altstadt

Das sympathische Hervás war eine gute Wahl. Schnell haben wir ein einladendes Hotel gefunden und lassen zwischen den Mauern der historischen Altstadt den Abend ausklingen.

Zügig haben wir am nächsten Vormittag wieder die herrlichen Bergstrecken bis Jarandilla de la Vera, einem beliebten Ausgangspunkt für Wanderer, zurückgelegt. Wir fliegen über die EX 119, überqueren den Rio Tiétar und folgen den Schildern nach Navalmoral de la Mata. Relaxtes Motorradreisen – das perfekte Synonym für die folgenden Kilometer auf der EX 118. Quer über das Embalse de

AUTOREN-TIPP

DIE SPEZIALITÄTEN DER EXTREMADURA Trotz oder vielleicht gerade durch ihre abgelegene Lage bietet die Extremadura einige ganz spezielle Leckereien, die es nur hier gibt. Da wäre zum Beispiel das schwarze Ibérico-Schwein. Fast ausschließlich mit den Eicheln der Extremadura genährt, liefert es unter strengen Regelungen den berühmten Jamón Ibérico, einen luftgetrockneten Schinken, der mit einem ganz besonderen Geschmack und einer exquisiten Qualität aufwartet. Zart gebratenes Lammfleisch aus der Region mit extremadurischem Paprika, angeblich dem aromatischsten ganz Spaniens, und viel Knoblauch ist ein ganz besonderer regionaler Leckerbissen. Unbedingt muss man auch die Chorizo, eine schmackhafte Paprikawurst, probieren. Aber Vorsicht, nicht alles, was im Supermarkt angeboten wird, ist original – besser auf einem der vielen Wochenmärkte kaufen, dort kann man auch meist vorher probieren.

Das Anbaugebiet Tierra de Barros bei Trujillo bringt hervorragende Weine hervor. Es gibt dort eine eigene „Straße des Weines". Interessant zu probieren ist übrigens auch der Licor de Bellota, der Eichellikör aus der Sierra Morena. Lecker ist auch der im Tal des Rio Jerte hergestellte Licor de Cereza, der Kirschlikör, und die ebenfalls im Jertetal produzierte Kirsch-Schokolade.

Menschenleere Landschaft bei Guadelupe.

Valdecañas eröffnet sich eine herrliche Strecke. Entlang unzähliger Storchennester geht es durch die menschenleere Landschaft.

Sieg- und ruhmreich

Über das beschauliche Guadalupe, ein Örtchen gerade richtig für eine Pause, führen uns die nächsten Kilometer nach Trujillo. Von hier brachen einst die spanischen Conquistadores auf, um Südamerika zu erobern. Sieg- und ruhmreich kehrten sie von ihren Gemetzeln zurück, schwer bepackt mit Gold und Schätzen, die sie den Ureinwohnern gestohlen hatten. Francisco Pizarro ist nur einer der vielen Söhne dieser Stadt, aber sicher der bekannteste, die in die Neue Welt aufbrachen. Die riesige Bronzestatue, die den Plaza

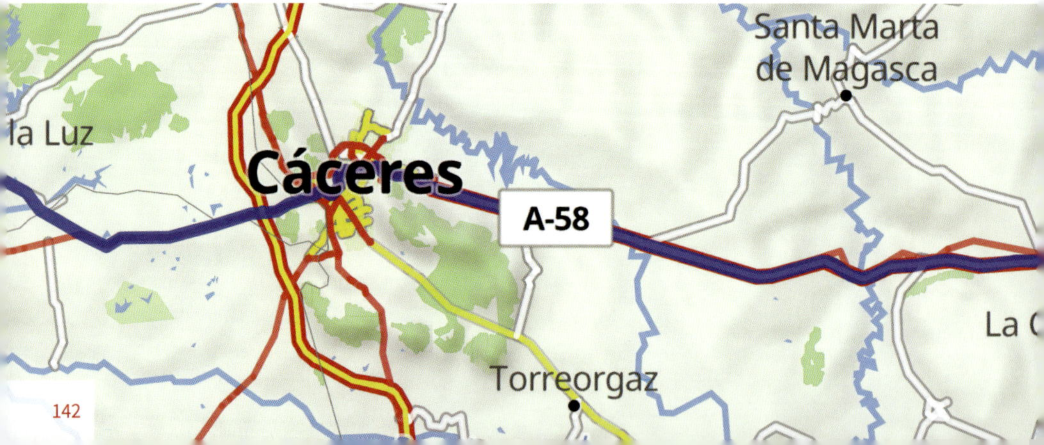

Mayor Trujillos beherrscht, erinnert an den Eroberer, der mit seinen Mannen in Peru einfiel. 1534 gründete er dort das noch heute existierende Dorf, das den Namen seiner Heimatstadt Trujillo trägt.

Wir sitzen auf dem Plaza Mayor unter einem großen schattenspendenden Stoffdach, umgeben von alten grauen und weißen Steinhäusern, unter deren schattigen Arkaden es sich angenehm bummeln lässt. Bei einem Café con Leche, dem heißen, starken Kaffee mit viel Milch, lassen wir die heimelige Atmosphäre eines der schönsten Marktplätze Spaniens auf uns wirken. Zwischen den hohen Mauern, unter den Balkonen toben Kinder lärmend über den Platz.

Kreisende Störche

Der Dorfpolizist hält ein Schwätzchen, unter den Steinbögen sitzen alte, wettergegerbte Männer. Im Schatten des Denkmals erholen sich einige erschöpfte Wanderer und quer über den Platz knattert ein altersschwaches Moped, bei dem wir uns wundern, dass es überhaupt noch fährt. Über der ganzen Stadt kreisen Störche, die jeden Turm, jeden großen Schornstein in Beschlag genommen haben. In elegan-

Von Trujillo aus wurde einst Südamerika erobert.

Das mittelalterliche Zentrum der Stadt Caçéres.

tem Flug setzen sie bei ihren Nestern zur Landung an, um sich bald wieder auf der Suche nach leckeren Amphibien in die Luft zu begeben. Von der gewaltigen Burg, die hoch über Trujillo auf den Felsen thront, werfen wir noch einen Blick über die Stadt und ihr grünes Umland, bevor wir uns wieder auf unsere BMW schwingen.

Die letzte Etappe dieser Tour durch die Extremadura führt uns hinein in den lebendigen Trubel von Cáceres. Das quirlige mittelalterliche Städtchen ist einen eigenen Besuch wert. Hier lässt es sich bummeln, entdecken und relaxen. Wir nehmen uns vor, die Hauptstadt der gleichnamigen Provinz und ihre fantastische Altstadt, die nicht umsonst UNESCO-Welterbe ist, einen ganzen Tag lang zu erkunden. Jetzt aber geht es erst mal zurück nach Alcántara, in das Städtchen, wo wir gestern aufbrachen. ◀

INFOS ZUR TOUR

CHARAKTERISTIK

Hier steht Abwechslung pur im Vordergrund. Bisweilen geht es schnurgeradeaus durch flaches Land, später locken anspruchsvolle, enge und extrem kurvenreiche Bergstraßen und Pässe mit fantastischen Panoramen. In den Bergen muss man nach Regenfällen mit Steinen und Sand auf der Fahrbahn rechnen.

PÄSSE DER TOUR

Südlich des Valle del Jerte führt in 1269 Metern Höhe der Puerto del Piornal über den Höhenzug der Sierra de Tormantos (40.124621, -5.816549). Gleich gegenüber, auf den nördlichen Hängen lockt der nicht weniger attraktive, 1440 Meter hohe Puerto de Honduras (40.221880, -5.871824). Etwas südwestlich von Guadalupe liegt der 910 Meter hohe Puerto de Berzocana direkt an einem kleinen Kreisverkehr (39.415787, -5.419128). Nicht ganz so spektakulär, aber auch sehr schön gelegen ist der Puerto de la Serrana, der in 387 Metern Höhe an der Grenze des Parque Natural de Monfragüe liegt (39.871054, -6.046866).

ÜBERNACHTUNG

Parador de Trujillo

Calle Santa Beatriz de Silva 1, 10200 Trujillo
Gehobenes Hotel im alten Kloster Santa Clara inmitten der Altstadt mit toller Anlage und Pool, Bar und Restaurant, eigene Parkplätze.
www.parador.es
GPS 39.461606, -5.878495

Camping Ciudad de Cáceres

Carretera Nacional 630 (km 549), 10005 Cáceres
Campingplatz mit guter Ausstattung, Restaurant und kleinem Laden, Appartments und Pool.
www.campingcaceres.com
GPS 39.488411, -6.412991

KOMBINATIONSMÖGLICHKEITEN

Die Extremadura-Tour ist durch ihre Lage nicht direkt mit den anderen vorgestellten Touren zu verbinden. In Richtung Süden geht es aber weiter nach Andalusien. Für abwechslungsreiche Abstecher bieten sich Ausflüge ins direkt benachbarte Portugal an.

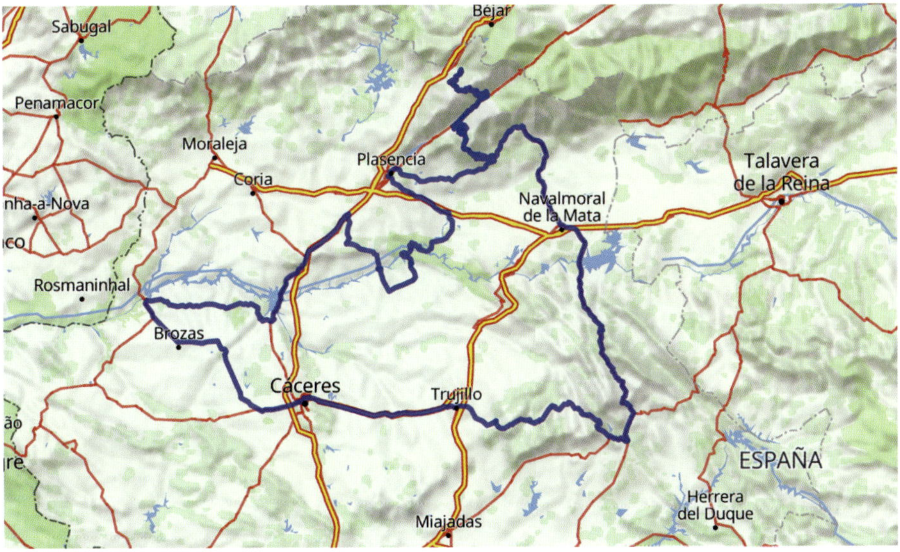

Der Weg **ist das Ziel**

„El Camino es la Meta“ oder auf Deutsch: Der Weg ist das Ziel. Auf kaum einen anderen Weg ist diese Redensart zutreffender als auf dem Pilgerweg Camino de Santiago – Jakobsweg – durch den Nordwesten Spaniens. Der bestricht nicht nur durch eine enorme landschaftliche Vielfalt, sondern auch durch spannende Geschichte.

Trotz der Bewölkung ist die Aussicht am Collado Lepoeder einzigartig.

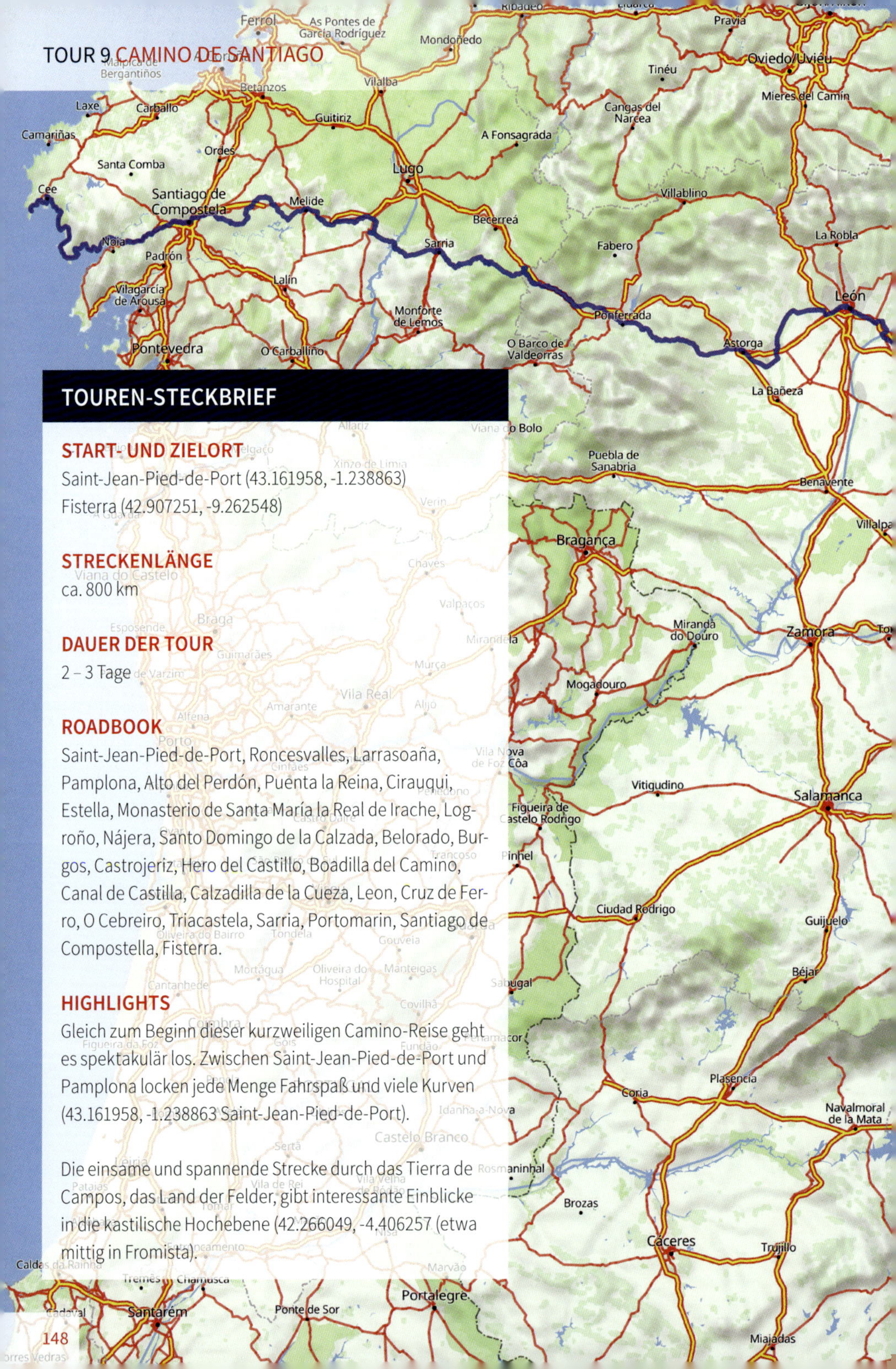

TOUREN-STECKBRIEF

START- UND ZIELORT

Saint-Jean-Pied-de-Port (43.161958, -1.238863)
Fisterra (42.907251, -9.262548)

STRECKENLÄNGE

ca. 800 km

DAUER DER TOUR

2 – 3 Tage

ROADBOOK

Saint-Jean-Pied-de-Port, Roncesvalles, Larrasoaña, Pamplona, Alto del Perdón, Puenta la Reina, Cirauqui, Estella, Monasterio de Santa María la Real de Irache, Logroño, Nájera, Santo Domingo de la Calzada, Belorado, Burgos, Castrojeriz, Hero del Castillo, Boadilla del Camino, Canal de Castilla, Calzadilla de la Cueza, Leon, Cruz de Ferro, O Cebreiro, Triacastela, Sarria, Portomarin, Santiago de Compostella, Fisterra.

HIGHLIGHTS

Gleich zum Beginn dieser kurzweiligen Camino-Reise geht es spektakulär los. Zwischen Saint-Jean-Pied-de-Port und Pamplona locken jede Menge Fahrspaß und viele Kurven (43.161958, -1.238863 Saint-Jean-Pied-de-Port).

Die einsame und spannende Strecke durch das Tierra de Campos, das Land der Felder, gibt interessante Einblicke in die kastilische Hochebene (42.266049, -4.406257 (etwa mittig in Fromista).

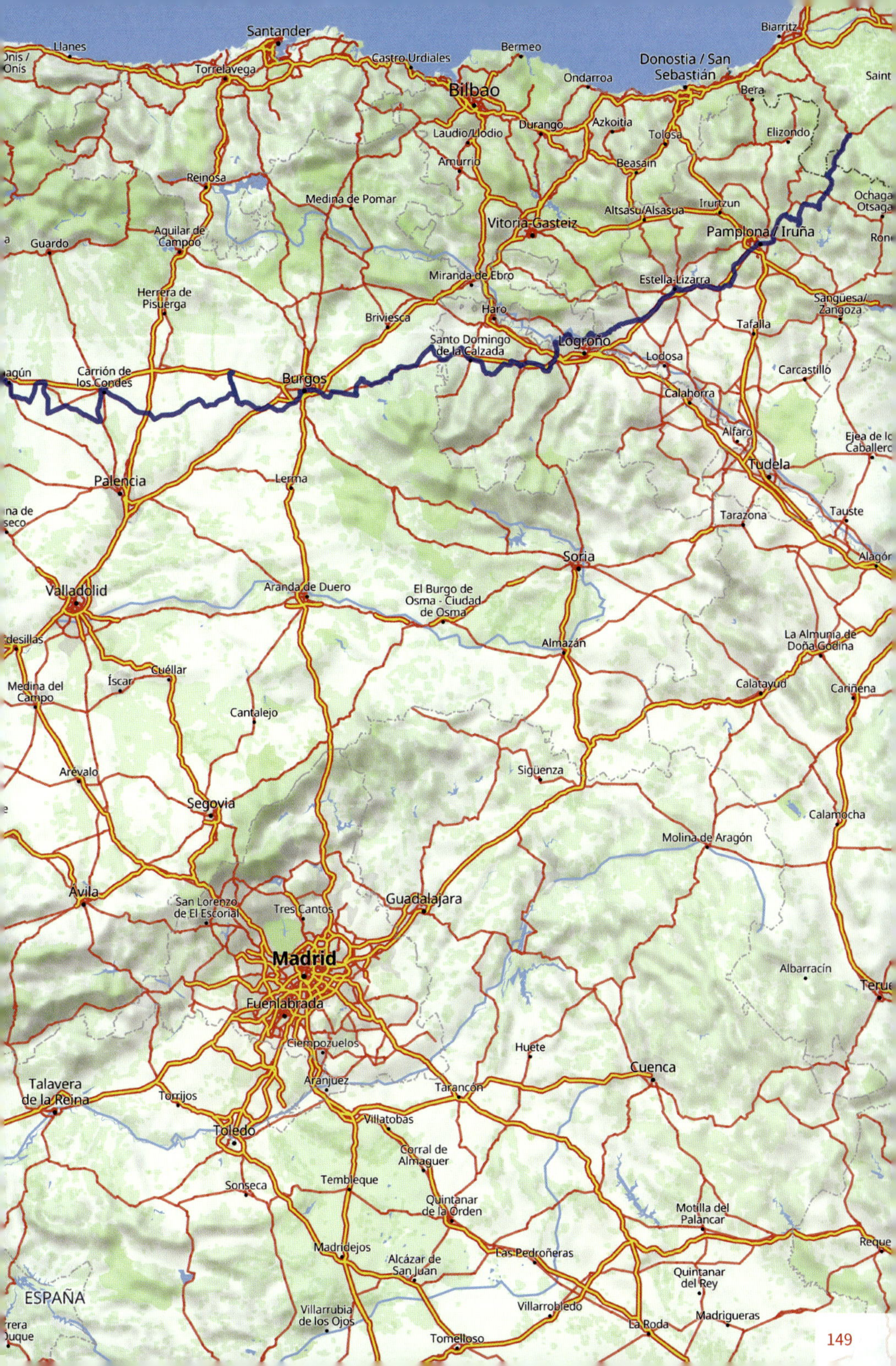
Santander
Llanes
Torrelavega
Castro Urdiales
Bermeo
Bilbao
Ondarroa
Donostia / San Sebastián
Biarritz
Bera
Laudio/Llodio
Durango
Azkoitia
Tolosa
Elizondo
Amurrio
Beasain
Reinosa
Medina de Pomar
Altsasu/Alsasua
Irurtzun
Ochaga Otsaga
Aguilar de Campoo
Guardo
Vitoria-Gasteiz
Pamplona / Iruña
Miranda de Ebro
Estella-Lizarra
Herrera de Pisuerga
Haro
Sangüesa/ Zangoza
Briviesca
Tafalla
Santo Domingo de la Calzada
Logroño
Lodosa
Carcastillo
Carrión de los Condes
Burgos
Calahorra
Alfaro
Ejea de los Caballeros
Tudela
Palencia
Lerma
Tarazona
Tauste
Soria
Alagón
Valladolid
Aranda de Duero
El Burgo de Osma - Ciudad de Osma
Almazán
La Almunia de Doña Godina
Cuéllar
Íscar
Medina del Campo
Calatayud
Cariñena
Cantalejo
Arévalo
Sigüenza
Segovia
Calamocha
Molina de Aragón
Ávila
San Lorenzo de El Escorial
Tres Cantos
Guadalajara
Madrid
Albarracín
Fuenlabrada
Ciempozuelos
Huete
Cuenca
Aranjuez
Talavera de la Reina
Torrijos
Tarancón
Villatobas
Toledo
Corral de Almaguer
Tembleque
Sonseca
Quintanar de la Orden
Motilla del Palancar
Madridejos
Alcázar de San Juan
Las Pedroñeras
Quintanar del Rey
Villarrobledo
Villarrubia de los Ojos
La Roda
Madrigueras
Tomelloso
ESPAÑA

Es geht knackig bergan. Der Asphalt windet sich immer höher und unten im Tal bleibt der Sommer zurück. Je weiter Saint-Jean-Pied-de-Port hinter uns bleibt, umso steiler wird die schmale Straße. Schwer bepackte Pilger teilen sich mit uns den Weg, mit jedem Höhenmeter werden deren Gesichter angestrengter. Der Collado Lepoeder fordert seine Opfer.

Er ist der allererste große Pass des Camino de Santiago und gleich auch der steilste Anstieg des gut 800 Kilometer langen Pilgerweges von den Pyrenäen nach Galicien. Auch Paul und ich wollen den „Weg, der seit alten Zeiten von Pilgern der Heiligen Jakobus und Peter und Paul begangen" wird, wie es in einer fast tausend Jahre alten spanischen Urkunde heißt, erkunden.

Kurz vor dem Collado Lepoeder, etwa 1400 Meter hoch, trennen sich der Camino und die schmale Straße. Der Fußweg führt eng und steil über steinige Stufen auf und ab, kein Terrain für schwere Motorräder. Wir kurven über steile Kehren hinunter nach Arnéguy und entlang der perfekt ausgebauten N-135 geht es über unzählige Serpentinen hinüber nach Spanien.

Kurzer Dreh am Gasgriff

Roncesvalles ist die erste Pilgeretappe. Von den Wanderern schwer erkämpft, ist sie für Paul und mich einfach entspannter Fahrspaß. Wir lassen den Ort hinter uns, folgen der N-135 und düsen weiter bis Larrasoaña. Von hier sind es nur noch gut 20 Minuten bis Pamplona. Was für die Pilger eine komplette dritte Tagesetappe bedeutet, ist für uns nur ein kurzer Dreh am Gasgriff. Bald stranden wir auf der Plaza del Castillo mitten in Pamplona, direkt neben einladenden Tischen und Stühlen. Wir ordern Tortillas, Tomatensalat, frisches Brot und genießen die Sonne im Gesicht.

Oberhalb von Saint-Jean-Pied-de-Port (links) und das eiserne Pilger-Denkmal auf dem Alto del Perdón (unten).

Puente la Reina: So heißt sowohl die Brücke als auch der Ort.

Pamplona, die Hauptstadt der Region Navarra und bekannt durch Hemingways Roman Fiesta, entlässt uns gen Süden. Es geht auf den Alto del Perdón, den Berg der Läuterung. Oben auf 770 Metern Höhe zieht der eiserne Pilgerzug - ein mächtiges Denkmal, gestiftet von dem Windanlagenbetreiber, die auf dem Gebirgskamm gleich nebenan jede Menge Windräder errichtete. „Wo sich der Sternenweg mit dem Weg des Windes kreuzt" lautet die Inschrift der überlebensgroßen Figurengruppe. Wie passend, uns pfeift hier heftig der stete Wind der Sierra del Perdón um die Ohren.

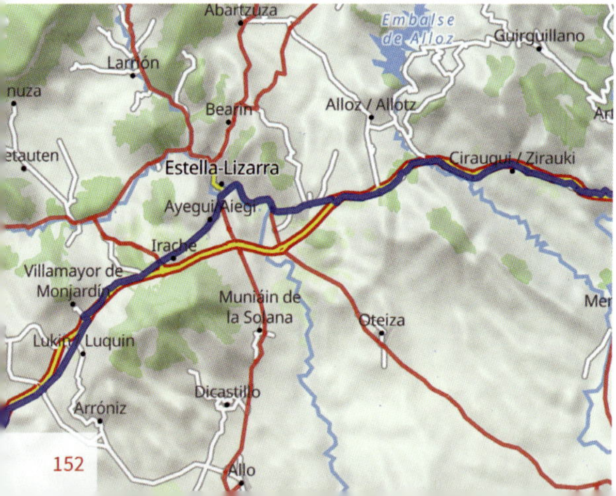

Pfeile markieren den Weg

Bis Puenta la Reina fliegen wir auf der N-111A dahin, einer kleinen geteerten Straße parallel der gut ausgebauten A-12 und den Fußwegen des Camino. In Cirauqui, dem urigen Dörfchen, zeigen die gelben Pfeile, die den Pilgerweg markieren, geradewegs durch das Dorf. Wir halten uns an die Schilder in Richtung Estella, dem Ende der fünften Pilger-Tagesetappe. Auch dort empfängt uns ein Gewühl von Sträßchen und Passagen. Durch Zufall entdecken wir ein einladendes Hotel. Dort empfängt uns eine Tiefgarage für die Moppeds, eine frische Dusche für den Körper und ein eiskaltes Gezapftes an der Bar für die Seele, einfach perfekt!

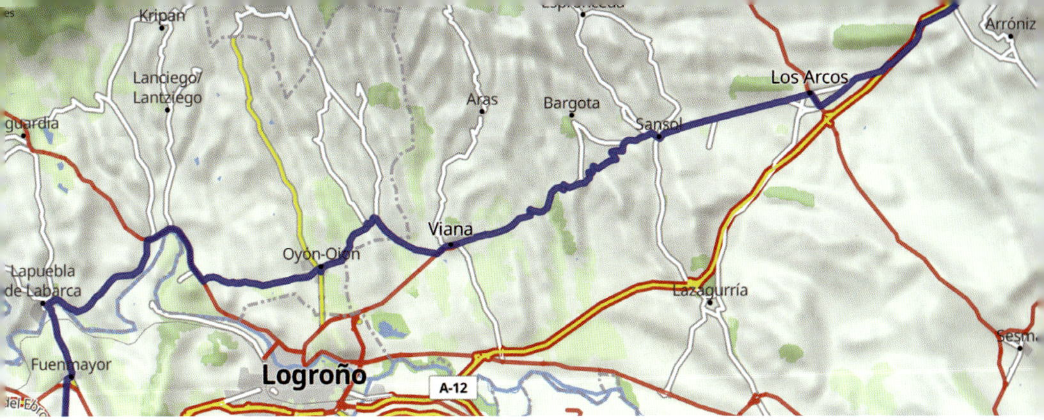

Ein Brunnen, der auf Knopfdruck köstlichen Rotwein sprudeln lässt und nie versiegt. Klingt nach Schlaraffen-

land? Aber es gibt ihn! Direkt neben dem Monasterio de Santa María la Real de Irache, einem Benediktinerkloster nur wenige Kilometer hinter Estella, liegt die riesige Weinkellerei Bodegas Irache.

Das ehemalige Klosterweingut sieht sich in der Tradition benediktinischer Gastfreundschaft und bekundet dieses mit seinem „Fuente del Vino", seinem „Weinbrunnen". Für die Pilger ist das eine harte Prüfung. Pilgern hin, Askese her, so manche Pause dauert doch etwas länger als geplant. In diesem Moment ist es dann doch schade, dass Paul und ich mit dem Mopped hier sind. Einen Schluck zum Probieren gönnen wir uns aber dennoch – kein schlechter Tropfen.

Weinbrunnen am Monasterio de Santa María la Real de Irache.

Die Etappe Logroño – Nájera beträgt genau 30 Kilometer. Mein Michelin-Camino-Führer veranschlagt dafür acht Stunden und 30 Minuten zu Fuß. Wir machen einfach mal eben ein paar Kilometer und haken das Stückchen nach einer Viertelstunde

AUTOREN-TIPP

DER CAMINO DE SANTIAGO Nicht erst seit Hape Kerkelings Erfolgstitel „Ich bin dann mal weg" ist der Jakobsweg oder, wie er auf Spanisch heißt, der Camino de Santiago, in vieler Munde. Zwar gibt es in Europa eine ganze Anzahl an Pilgerwegen, die alle zum angeblichen Grab des Apostels Jakobus in Santiago de Compostela in Galicien führen, jedoch ist im Allgemeinen damit der Camino Francés gemeint.

Dieser Weg, einst eine hochmittelalterliche Hauptverkehrsachse Nordspaniens, führt vom französischen Städtchen Saint-Jean-Pied-de-Port nahe der französisch-spanischen Grenze zum Jakobsgrab in der Kathedrale von Santiago de Compostella. In seinem Verlauf verbindet er bereits seit der ersten Hälfte des 11. Jahrhunderts die einstigen Königsstädte Jaca, Pamplona, Estella, Burgos und León.

Die hier vorgestellte Tour orientiert sich grob an dem originalen Pilgerweg und verläuft ausschließlich über asphaltierte Abschnitte. Der Camino selber verläuft zum Teil auch über Feld- und Wirtschaftswege, die auch befahren werden dürfen. Er ist perfekt ausgeschildert. Für denjenigen, der dort fahren möchte, sollte größtmögliche Rücksichtnahme auf Pilger und Wanderer eine Selbstverständlichkeit sein.

Viele Infos zum Jakobsweg gibt es im Internet unter **www.jakobsweg.de**.

auf der A-12 ab. Unser Respekt vor den Camino-Pilgern wächst immer weiter. Was wir hier so locker abspulen, ist zu Fuß, mit Gepäck, bei Wind und Wetter eine fantastische Leistung.

Tierische Überraschung

Santo Domingo de la Calzada hält eine Überraschung für uns bereit: Es ist ein Städtchen mit mittelalterlich gepflasterten Gassen, darin eine beeindruckende Kathedrale. In dem gewaltigen Gotteshaus stehen wir staunend vor dem riesigen goldenen Altar, den

geschnitzten Figuren, der Jakobstatue. Und plötzlich gackert ein Huhn.

Unglaublich, gleich hinter unserem Rücken residiert ein fröhliches Hühnchen in luftiger Höhe. Einem angeblichen Wunder hat das Federvieh seine Wohnstätte zu verdanken. Dessen Kurzfassung: Eine Familie aus dem Rheinland rastete auf dem Pilgerweg

in einer Herberge des Ortes. Zu Unrecht wurde der Sohn hier des Diebstahls bezichtigt, zum Tode verurteilt und schließlich gehängt. Seine Eltern, die die Pilgerreise fortsetzten, flehten den Heiligen Jakobus um Hilfe an. Bei ihrer Rückkehr nach Santo Domingo de la Calzada fanden sie ihren Sohn immer noch lebend am Galgen. Sie baten darauf den Bischof um Gnade für ihren Sohn. Der fette Bischof, gerade beim Mahl, entgegnete, dass der Sohn so tot sei, wie das Huhn auf seinem Teller. Darauf sprang das Huhn auf und flog gackernd davon. Der Jüngling wurde vom Galgen genommen. Heute wird deshalb ein Huhn in der Kathedrale gehalten.

In Belorado meldet sich unser Hunger und lässt Paul und mich in ein un-

Ein Huhn in Santo Domingo de la Calzada und ein Pilgerdenkmal (links). Fernblick in der Meseta, dem kastilischen Hochland.

Unterwegs zwischen León und Astorg (unten) und Begegnung mit Pilgern (rechts).

scheinbares Restaurant einkehren. Qualmige Luft, wild zusammen gewürfeltes Mobiliar, gewaltiges Palaver an der Theke, der übliche spanische „Fußbodenbelag" aus Kippen, Papier, Nussschalen – ein packendes Ambiente. Zum Essen werden wir in einen Nebenraum gebeten. Hier krakeelt nur der Fernseher. Das macht aber gar nichts, im Gegenteil. Schließlich läuft gerade MotoGP in Australien, Rossi stürmt in gewohnter Manier durch das

Feld. Während wir lecker und gut essen, bietet der Kasten Rennsport par excellence.

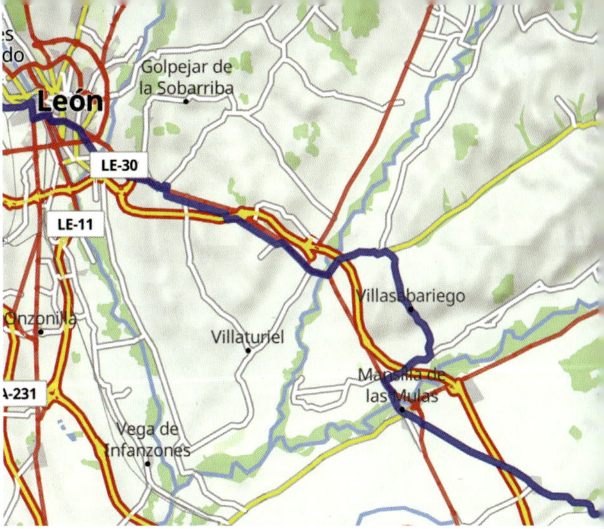

Kastilisches Hochland

Wir brettern weiter Richtung Galicien, reißen die letzten Kilometer nach Burgos runter und haben schließlich bald die Meseta erreicht: das kastilische Hochland. Schnurgerade zieht der Weg durchs Land. Flache Tafelberge liegen rötlich in der Landschaft. Kleine Weiler, Dörfer und Ruinen ziehen an uns vorbei. Wir passieren Castrojeriz und rollen bei Hero del Castillo aus, nicht mehr als eine kleine Kirche mit einem urigen Brunnen. Während wir fotografieren, rollt hinter uns ein gewaltiger Reisebus heran.

Durch seine Türen ergießt sich ein Schwall japanischer Touristen. Mit unseren japanischen Motorrädern werden wir von allen Seiten fotografiert. Die Touris sind begeistert, als sie hören, dass wir aus Deutschland kommen. Da waren sie gestern auch noch –

und Sarria geht es entlang fantastischer Berge bis nach Portomarin. Der Camino verläuft hier meist entlang des Asphalts, manchmal verschwindet er auch einfach für einige Meter im Wald. Portomarin ist die letzte Station auf dem offiziellen Camino.

Am Ende der Reise lohnt ein Abstecher zum Leuchtturm Cabo Fisterra.

Schließlich rollen wir nach Santiago de Compostella hinein, finden ruckzuck den Weg zur Kathedrale. Hier pulst das Leben. Menschen strömen durch die Gassen, es gibt unzählige Läden, reges Treiben. Was für ein Kontrast zu der Landschaft der letzten 800 Kilometer. Der offizielle Camino de Santiago endet, wie der Name schon sagt, hier in Santiago.

Paul und mich zieht es aber noch nach Fisterra, an das „Ende der Welt“. Die dort angesiedelte Jakobuslegende legitimiert diese Abstecher nicht nur für Jakobspilger. Für uns sind die Orte an der Costa da Morte, der galicischen Todesküste, mit ihren traumhaften Küstenstraßen ein genialer Ausklang unserer Tour. „Buen Camino!“ ◀

INFOS ZUR TOUR

CHARAKTERISTIK

Die einzelnen Etappen dieser Tour auf Asphalt sind in der Regel entspannt und problemlos zu fahren. Man sollte jedoch stets ein Auge auf kreuzende Wanderer und Pilger haben. Wer mag, kann auch die eine oder andere Offroad-Etappe als Alternative wählen (siehe Hinweis im Text-Kasten). Besonders die Strecke durch die Meseta ist ausgesprochen spannend und attraktiv. Wer ein Erfahrung mitbringt, wird auch seine schwere Reise-Enduro unbeschädigt ins Ziel bringen.

PÄSSE DER TOUR

Mit dem Motorrad biegt man knapp vor dem 1430 Meter hohen Collado Lepoeder (43.028943, -1.279594) ab, während die Pilger den Pass zu Fuß überqueren. Der 1039 Meter hohe Alto del Perdôn (42.742385, -1.765588) ist eher ein Höhenzug als ein Pass.

ÜBERNACHTUNG

Hospederia Chapitel
Calle Chapitel 1, 31200 Estella
Sehr gepflegtes, freundliches Hotel zentral in der Altstadt des schönen Ortes, klasse Zimmer, gutes Frühstück, freundliches Team, viele Bars und Restaurants in direkter Nähe.
www.hospederia-chapitel.es
GPS 42.670704, -2.028871

Hotel Real Colegiata San Isidoro
Plaza Santo Martino 5, 24003 Leon
Gehobenes Ambiente in einem alten Klosterkomplex aus dem 11. Jahrhundert in Zentrum von Leon. Das Ambiente ist sehr beeindruckend, tolle Zimmer und Restaurant, fantastisches Frühstück, sehr hilfsbereites Team, ein echtes Erlebnis.
www.hotelrealcolegiata.com
GPS 42.601461, -5.570789

KOMBINATIONSMÖGLICHKEITEN

Diese Tour durch den Nordwesten Spaniens liegt unweit der Touren 1, 2 und 10, also Sierra de la Demanda, Bardenas Reales und Picos de Europa. Auch die Pyrenäentour lässt sich an ihrem westlichen Ende mit dieser Camino-Reise kombinieren.

PS
H 122

Gipfel-**Glück**

Einsame Bergstraßen inmitten schroffer Felslandschaften, menschenleere Landschaften voller ursprünglicher Natur und bildschöne Gebirgspässe mit fantastischen Aussichten – die Picos de Europa gleich unterhalb der spanischen Atlantikküste begeistern mit herrlichen Strecken, gerade richtig für entdeckungsfreudige Motorradreisende.

Grüne Bergwelt zwischen Tudanca und Puerto de Piedrasluengas.

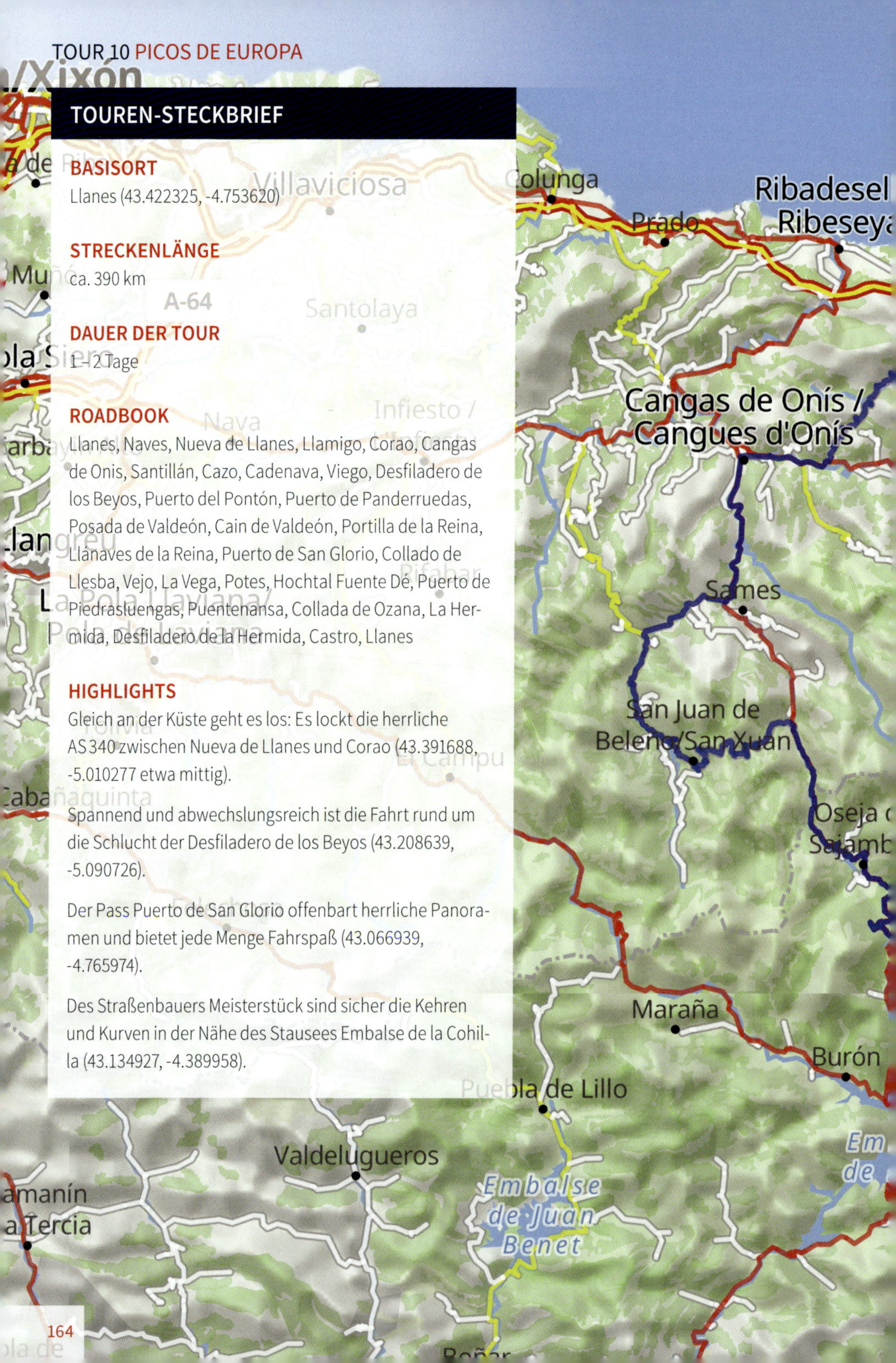

TOUREN-STECKBRIEF

BASISORT
Llanes (43.422325, -4.753620)

STRECKENLÄNGE
ca. 390 km

DAUER DER TOUR
1–2 Tage

ROADBOOK
Llanes, Naves, Nueva de Llanes, Llamigo, Corao, Cangas de Onis, Santillán, Cazo, Cadenava, Viego, Desfiladero de los Beyos, Puerto del Pontón, Puerto de Panderruedas, Posada de Valdeón, Cain de Valdeón, Portilla de la Reina, Llánaves de la Reina, Puerto de San Glorio, Collado de Llesba, Vejo, La Vega, Potes, Hochtal Fuente Dé, Puerto de Piedrasluengas, Puentenansa, Collada de Ozana, La Hermida, Desfiladero de la Hermida, Castro, Llanes

HIGHLIGHTS
Gleich an der Küste geht es los: Es lockt die herrliche AS 340 zwischen Nueva de Llanes und Corao (43.391688, -5.010277 etwa mittig).

Spannend und abwechslungsreich ist die Fahrt rund um die Schlucht der Desfiladero de los Beyos (43.208639, -5.090726).

Der Pass Puerto de San Glorio offenbart herrliche Panoramen und bietet jede Menge Fahrspaß (43.066939, -4.765974).

Des Straßenbauers Meisterstück sind sicher die Kehren und Kurven in der Nähe des Stausees Embalse de la Cohilla (43.134927, -4.389958).

Llanes
Vibaņu
A-8
San Vicente de
la Barquera
Colombres
Alles
Panes
Labarces
Carreña
Otero
Cuetón
1651
Linares
Puentenansa
San Sebastián
de Garabandal
Posada de
Valdeón
Potes
Espinama
La Vega
Polaciones
Pesaguero
Coriscao
2234
Hoz
San Salvador
de Cantamuda
Embalse de
Camporredondo
Cervera de

Sonnenpause an der Playa de San Antolin bei Naves.

Llanes, das sympathische Hafenstädtchen in der autonomen Region Asturien, kann sich nicht so recht entscheiden, wozu es gehört. Ist es nun ein Bestandteil der Costa de Cantabria oder doch eher der Costa Verde. Für Letzteres spricht zumindest die dicke Nebelwand, die heute morgen in den Bergen gleich hinter der Küstenlinie in der Luft hängt.

Costa Verde bedeutet schließlich so viel wie Grüne Küste und das steht als Synonym für die deutlich grünere Landschaft als im Rest Spaniens –

eben dank des feuchten Klimas. Und nicht zuletzt gelten die Strände zwischen Llanes und dem etwa 30 Kilometer westlich liegenden Ribadesella als die schönsten Nordspaniens.

Das können wir bestätigen, sind wir doch gerade auf der Küstenstraße, der AS-263, unterwegs. In Llanes gestartet, rollen wir entlang einer interessanten Küstenlinie und bei Naves vorbei an herrlichen Sandstränden. Aber nur bis Nueva de Llanes, denn Kiki und mir steht der Sinn nach spannenden und kurvenreichen Bergstrecken.

Die beginnen hier an der Costa Verde schon gleich hinter der Küste. Kaum rollen wir aus Nueva de Llanes hinaus, da führt uns die AS-340 schon durch das herrliche Val de Ardisana. Nach ein paar Kurven und ein wenig Auf und Ab geht es für ein paar Kilometer bei Llamigo durch das langgestreckte grüne Tal. Dann beginnt die abwechslungsreiche Strecke bis Corao. Das bedeutet einfach nur eine scheinbar unendliche Reihe von Kurven, die mal bergauf und mal bergab durch die bewaldete Bergregion führen. Es geht entlang aussichtsreicher Hänge und durch dunkle Waldstücke. Mächtige graue Felsen huschen ebenso an uns vorbei wie Olivenbäume, Macchia und Esskastanien. Und auch hier, wie so oft im spanischen Hinterland, sind wir mal wieder alleine unterwegs und haben die Straße für uns.

Uralte Steinbrücke

In Corao halten wir uns rechts, steuern Cangas de Onis an. Das nette Örtchen, einst Sitz der Herrscher des Königreichs Asturien, ist vor allem durch seine uralte römische Steinbrücke bekannt, die seit Jahrhunderten über

Rundumaussichten gibt es am Aussichtspunkt Mirador del Fito bei Arriondas.

Eine der wenigen geraden Passagen zwischen Cangas de Onis und Viego.

den Fluss Sella führt. Uns führt es weiter in Richtung Süden auf die N-625. Von hier geht es auf die südwestliche Grenze des Naturparks der Picos de Europa zu, der gleich an der grandiosen Schlucht Desfiladero de los Beyos beginnt. Das könnte man machen.

Einsame Bergstrecken

Wir empfehlen aber als Vorgeschmack auf die tollen Strecken de Naturparks noch eine spannende Runde um die Sierra de Aranga herum. Der nahezu runde Abstecher beginnt bei Santillán, führt über Cazo, Cadenava und das sehr schöne Dörfchen Viego und macht richtig Spaß. Die einsamen Bergstrecken sind ein Traum. Durchgangsverkehr gibt es hier auf der AS-261 nicht, es sind höchstens mal ein paar Anwohner unterwegs.

Dafür ist der Straßenverlauf umso spektakulärer, bisweilen ist die Straße in die steilen Felswände hinein gemeißelt und über uns schweben wahrscheinlich Abertausende Tonnen spanischer Felsen. Hier empfiehlt sich vor allem für Zweiradfahrer, immer ein wachsames Auge auf die Straße zu haben.

Viego, das kleine Nest am Rio Santa Gustia, empfängt uns mit einer kleinen, einladenden Bar. Wir haben Lust auf einen leckeren Café Solo, gönnen uns ein paar Minuten Pause. Auf der Infotafel direkt vor der gemütlichen Terrasse gibt es ein paar Wandertipps für die Region. Nur ein paar Kilometer weiter, gleich hinter der Schlucht Desfiladero de los Beyos, beginnt der Naturpark. Vor dem großen Hinweisschild parkt gerade eine Motorradgruppe aus Portugal und kämpft mit dem Gruppenfoto. Ehrensache, dass wir halten und helfen, damit auch alle mit auf dem Foto sind. Dafür sollen wir dann auch gleich mit aufs Foto.

Die Fahrt durch diesen Teil des Parque Nacional Picos de Europa macht richtig Laune. Zwischen steilen Felswänden hindurch geht es in wildem Kurvengeschlängel gen Süden,

Gruppenbild mit Motorradurlaubern im Nationalpark (oben) und Kurvengeschlängel zwischen steilen Felswänden.

Die LE-244 bei Posada de Valdeon.

AUTOREN-TIPP

DIE PICOS DE EUROPA Das Bergmassiv der Picos de Europa, auf Deutsch: Gipfel Europas, ist ein Bestandteil des Kantabrischen Gebirges etwa mittig der nordspanischen Atlantikküste. Der zentral im Gebirgszug gelegene Nationalpark Picos de Europa ist mit etwa 67 500 Hektar nach der Sierra Nevada der zweitgrößte Nationalpark Spaniens. Er ist der älteste der spanischen Parks und wurde bereits 1918 gegründet. In den Picos de Europa finden sich nicht weniger als rund 200 Berggipfel mit einer Höhe über 2 000 Metern. Als höchster Gipfel des Gebirges gilt der Torre de Cerredo mit 2 648 Metern. Der Nationalpark Picos de Europa ist seit 2003 durch die UNESCO als ausgewiesenes Biosphärenreservat geschützt.

Beherrscht werden die dichten Wälder der Region durch die für das grüne Nordspanien typischen Rotbuchen- und Eichenwälder. Hier gedeihen aber auch viele Kastanien. In den menschenleeren Landstrichen leben neben dem europäischen Braunbären auch der Iberische Wolf, eine große Zahl Gämsen, Füchse und Wildschweine und die zeitweise nahezu ausgestorbenen Bartgeier, deren Bestände sich wieder erholen. Es scheint erstaunlich viele Rehe zu geben, zweimal haben die Vierbeiner in größeren Gruppen am helllichten Tag unseren Weg gekreuzt. Auf der beschriebenen Runde gibt es in Cangas de Onis ein Besucherzentrum des Nationalparks.

dann mal wieder bergauf und wieder bergab, nach Westen, nach Osten. Wäre nicht ab und an die Sonne zu sehen, hätten wir völlig die Orientierung verloren. Aber macht ja nichts, verfahren kann man sich nicht, es gibt letztlich nur diese eine Straße.

Zumindest bis zum 1280 Meter hohen Pass Puerto del Pontón. Kurz danach biegen wir nämlich links ab und nehmen Kurs auf den nächsten Pass, den Puerto de Panderruedas. Der lockt in 1450 Metern Höhe mit fantastischen Wanderwegen und einem tollen Blick auf die umliegenden Berge, auf denen selbst jetzt – im Juni – noch große Schneefelder zu erkennen sind. Was für ein Ausblick!

In das Herz des Naturparks

Bald haben wir Posada de Valdeón erreicht. Ab hier führt eine Stichstraße in das Herz des Naturparks bei Cain de Valdeón hinein. Bei der Vorbereitung unserer Tour hatten wir gelesen, dass

hier auch die meisten Touristen unterwegs sind, dass viele Wanderer die spannenden Wege der Region schätzen und nicht zuletzt die Seilbahn am Ende des großen Tales für viele Besucher sorgt. Ja, muss man zugeben, hier sind ein paar Reisende mehr. Aber wir staunen dennoch, wie wenig hier eigentlich los ist: nur ein Bruchteil der Besucherzahlen, die wir beispielsweise aus den Alpen kennen. Vielleicht mag in der Hauptreisezeit im Juli oder August noch der eine oder andere kommen, aber so richtig voll – Fehlanzeige.

Zurück aus der Stichstraße nach Cain, halten wir uns in südlicher Richtung, folgen über die herrliche Strecke den Schildern nach Portilla de la Reina und kurven bald auf der perfekt ausgebauten N-621 durch die Garganta

Hoch hinauf geht es zwischen Tudanca und Puerto de Piedrasluengas.

Tierische Begegnung am Puerto de San Gloria.

Potes, perfekt für die Pause (unten). Tudanca wirkt eher verschlafen (rechts).

bei Llánaves de la Reina. Die beeindruckende Schlucht mit ihren schroffen Felswänden entlässt uns schließlich in Richtung des Puerto de San Glorio.

Auf dem 1609 Meter hohen Pass liegt die Grenze zwischen den Provinzen Cantabria und León. Eine kurze, rund zwei Kilometer lange, beschilderte Sackgasse führt von hier zum Aussichtspunkt Collado de Llesba. Die sollte man sich auf keinen Fall entgehen lassen – es lohnt sich. Für die Weiterfahrt auf der sich wild durch das Land schlängelnden N-621 warnt ein großes Hinweisschild vor Kurven auf einer Länge von 21 Kilometern. Wir können jetzt schon verraten: Es werden noch viel mehr!

Zentrum der Region

Über Vejo und La Vega gelangen wir nach Potes. Das kleine, geschäftige Städtchen ist so eine Art Zentrum für die Region. Hier gibt es einige Restaurants, nette Geschäfte und es lässt sich prima durch die alten und engen Gassen bummeln. Die historischen Gemäuer sind komplett als geschichtlich bedeutendes Ensemble klassifiziert und damit vom spanischen Kulturministerium besonders geschützt. Auch das ganz in der Nähe gelegene mittelalterliche Kloster Santo Toribio de Liébana lockt zahlreiche Besucher hierher, ebenso wie das rund 23 Kilometer entfernt gelegene Hochtal Fuente Dé. Auch wir gönnen uns diesen Abstecher noch und statten der Seilbahnstation am Ende des Tals einen Besuch ab.

Je nach Durchhaltevermögen und Lust oder Laune kann man ab Potes über die N-621 durch die sehenswerte Schlucht der Desfiladero de la Hermida wieder die Küste ansteuern – eine tolle und spannende Strecke. Man kann aber auch noch eine zusätzliche Runde über den Pass Puerto de Piedrasluengas und die CA-281 drehen – ganz klar unsere Empfehlung. Schon die herrliche Strecke von Potes bis zum Pass ist Genuss pur. Richtig

spektakulär wird es dann auf der CA-281, die kurz vor dem Pass links abzweigt. Für uns ist sie eine der schönsten Motorradstrecken Spaniens.

Mit einem extrem aufwendigen Straßenverlauf führt sie zum großen Teil durch die Schlucht des Rio Nansa, windet sich durch die felsige Berglandschaft und besticht mit fantastischen Aussichten und mächtigem Spaß. Mehr als einmal rollen wir am Rand der Straße aus und genießen einfach den Blick in die Landschaft und die Ruhe ringsum. Einzig das Knacken des abkühlenden Motors und die Rufe der in der Luft kreisenden Greifvögel ist zu hören.

Die Picos locken mit bildschönen Dörfchen.

Faszinierende Schlucht

Bei Puentenansa halten wir uns links, überqueren auf der CA-282 den 560 Meter hohen Pass Collada de Ozana und gelangen schließlich bei La Hermida wieder auf die altbekannte N-621. Klar, dass wir aber noch einen Blick auf die Desfiladero de la Hermida werfen wollen. Also gönnen wir uns noch ein paar Kilometer zurück bis Castro, um die faszinierende Schlucht entlang des Rio Deva schließlich gleich zweimal genießen zu dürfen. Riesige Metallnetze hängen in der Schlucht an dicken Trägern über der Straße, um Steinschlag auf dem Asphalt zu verhindern. Die vielen Brocken, die über unseren Köpfen zwischen den eisernen Maschen liegen sprechen eine deutliche Sprache.

Bei Castro machen wir dann wieder kehrt, nehmen Kurs auf die Küste. Noch ein paar entspannende Kilometer durch die Berge, dann haben wir schließlich wieder die Küstenstraße an der Costa de Cantabria erreicht. Die bringt uns in westlicher Richtung wieder zurück nach Llanes, in das einladende Hafenstädtchen an der grünen Costa Verde. ◀

INFOS ZUR TOUR

CHARAKTERISTIK

Die unglaublichen Bergstrecken der Picos de Europa erfordern eine gewisse Konzentration und ein wenig Erfahrung macht die Tour einfacher. Die Straßenführung ist zum Teil recht anspruchsvoll und da die Region eher zu den niederschlagsreicheren Ecken Spaniens gehört, ist der Asphalt schon mal mit Laub, Sand und vor allem entlang der Felswände auch mit Steinen gespickt. Wer dies alles im Griff hat, wird dafür unserer Meinung nach mit einigen der schönsten Motorradreisestrecken Europas belohnt.

PÄSSE DER TOUR

Der 1280 Meter hohe Puerto del Pontón (43.118121, -5.021156) eröffnet den Pässereigen, gefolgt vom Puerto de Panderruedas (43.125066, -4.981616) in 1450 Metern Höhe. Mittig im Süden liegt der Puerto de San Glorio (43.067744, -4.765761), 1609 Meter hoch. Südöstlich führt der Puerto de Piedrasluengas (43.048255, -4.466252) in 1313 Metern Höhe über die Passhöhe, bevor Collado de la Hoz (43.177231,-4.682498) mit 658 Metern wieder in Richtung Meer führen.

ÜBERNACHTUNG

Camping Entreplayas

Avenida de Toro 13, 33500 Llanes

Eher einfacher, aber sauberer und sehr schön auf einer Klippe direkt am Meer gelegener Campingplatz bei Llanes, freundliches Team.

www.spaincamping.com/camping-entreplayas

GPS 43.418309, -4.747008

Hotel La Palma de Llanes

Avenida Félix Fernández Vega, 33509 Llanes

Sehr freundliches Hotel etwas außerhalb von Llanes, tolle Anlage mit Pool, gemütliches Restaurant mit gutem Essen und Bar, große Zimmer, gutes Frühstück.

www.lapalmadellanes.com

GPS 43.407027, -4.758667

KOMBINATIONSMÖGLICHKEITEN

Die Runde durch die Picos de Europa ist sowohl mit der Camino-Tour (Kapitel 9) als auch mit der Runde durch die Sierra de la Demanda (Kapitel 1) gut kombinierbar.

Galiciens Hauptstadt

Santiago de Compostella ist mit seiner gewaltigen Kathedrale als Ziel des legendären Jakobsweges weltbekannt. Aber auch weit über das Pilgerwesen hinaus hat der historische Wallfahrtsort viel zu bieten.

Santiago de Compostela ist nicht nur die Hauptstadt der spanischen Autonomen Gemeinschaft Galicien, sondern auch einer der wichtigsten Wallfahrtsorte der westlichen Welt. Rund 30 Kilometer vom Meer und etwa 50 Kilometer vom legendären Kap Finisterre, dem „Ende der Erde", entfernt, ist der Bischofssitz das Ziel der Jakobspilger auf dem Jakobsweg, dessen unterschiedliche Varianten alle in Santiagos mächtiger Kathedrale enden.

Eben diese Kathedrale ist es auch, der die Stadt ihre Gründung zu verdanken hat. An ihrem Standort fand man einst ein Grab, das dem Heiligen Jakobus zugeordnet wurde. Darauf wurde eine Kapelle errichtet: die heutige Kathedrale. Um sie herum entstand ab dem 10. Jahrhundert die Stadt Santiago. Zahlreiche weitere sakrale Bauwerke beherrschen die Universitätsstadt, wie beispielsweise das Hospital de los Reyes Católicos. Das Kloster beherbergt seit 1509 Pilger und

Pilgern macht auch durstig (rechts). Über 1000 Jahre alt ist die Jakobskathedrale (r. Seite).

Stadtwappen von Santiago de Compostela.

Reisende und gilt damit als eines der weltweit ältesten Hotels.

Ins historische Zentrum

Das historische Zentrum der Stadt sollte man unbedingt zu Fuß erkunden. Die sehenswerte Altstadt mit ihrer Kathedrale ist wie der Jakobsweg als Weltkulturerbe durch die UNESCO geschützt. Es bietet sich an, über den Platz Porta do Camiño in die Altstadt zu gehen. Über ihn führt auch der Jakobsweg ins historische Zentrum.

Weiter geht es über die Rúa das Casas Reais zum Praza de Cervantes, über die Rúa da Acibechería und zur Praza da Inmaculada. Hier stößt man schließlich auf die Kathedrale.

Das Labyrinth der unzähligen schmalen Altstadtgassen liegt auf der anderen Seite der Kathedrale, also südlich davon. Hier sind besonders reizvoll die Gassen Rúa de Franco, Rúa do Vilar und Rúa Nova. Eine ganze Reihe der alten Sträßchen sind mit bildschönen Arkaden gesäumt. Die schützen nicht nur vor der spanischen Sonne, sondern bisweilen auch vor Regen, der in Galicien bekanntlich so unüblich nicht ist. Interessante Läden, einladende Restaurants und Bars sowie sympathische Cafés liegen hier dicht an dicht und sorgen für Abwechslung und Muße. Am östlichen Rand der Altstadt, direkt an der Rúa das Ameas, liegt die lebendige Markthalle Mercado de Abastos. In acht Gewölbehallen werden hier seit 1873 Fleisch, Geflügel, Fisch, Wurst, Käse und zahlreiche andere Produkte der Region verkauft.

Hier gibt es auch die berühmten Fischkonserven wie zum Beispiel die Manufaktur-Sardinen von Los Peperetes. Richtig Spaß machen die Bistro-Stände, an denen es für überschaubare Preise frisch zubereitete Tapas und Meeresfrüchte sowie erfrischende Getränke gibt.

Interessante Museen

Für Freunde der Kultur und als Alternative bei schlechtem Wetter gibt es übrigens einige sehr interessante Museen in der 10 000-Einwohner-Stadt. Das Pilgermuseum an der Praza das Praterías 2 zeigt Geschichte und Kultur des Jakobswegs und der Stadt Santiago und deren Kathedrale. Das Galicische Volkskundemuseum im Convento San Domingos de Bonaval ist bekannt für berühmte galicische Literaten, Künstler und Kultur. Eine erstaunliche innenliegende Wendeltreppe verbindet die Ausstellungsräume. Gleich daneben lockt das Museum für moderne Kunst. Wem nach soviel Kultur der Sinn nach Erholung steht, begibt sich am besten in die herrliche Parkanlage Vista Alegre oder in den Parque da Alameda.

Jede Menge ausführliche Infos und Vorschläge für Stadtbesucher bieten die beiden Touristinfos in der Altstadt. Das galicische Fremdenverkehrsamt liegt in der Praza Mazarelos 15, das städtische Informationsbüro in der Rúa do Vilar 63. Hier gibt es auch Übernachtungstipps.

Übrigens, Santiago de Compostela ist nicht nur das Ende der in diesem Buch vorgestellten Motorradtour längst des Pilgerwegs Camino de Santiago, sondern auch der perfekte Standort für abwechslungsreiche Motorradtouren. Auf einer spannenden Tagestour lassen sich von hier aus der Norden Portugals, das Kap Finisterre, La Coruña oder die Costa Verde erreichen. ◀

Die allgegenwärtige Jakobsmuschel (oben) und das Kloster San Martín Pinario (unten).

ANREISE

Viele Wege führen nach Rom. Diese Weisheit gilt natürlich auch für die Anreise mit dem Motorrad nach Spanien. Wir, die wir aus dem Rheinland kommen, fahren das französische Rhônetal hinunter und dann entlang der Mittelmeerküste gen Süden. Liegt das spanische Ziel eher im Westen beziehungsweise an der Biskaya, führt uns der Weg meist über Bordeaux und Biarritz. Wer Zeit und Muße hat und aus Deutschlands Süden stammt, nimmt den Weg durch die Schweiz oder quer durch die Alpen.

Früher gab es noch die zeitsparende und bequeme Alternative mit dem Autoreisezug bis ins französische Narbonne. Von dort war es dann nicht mehr weit bis zur Grenze. Leider hat die Deutsche Bahn diesen Dienst komplett eingestellt. Innerhalb Frankreichs gibt es noch Verbindungen der französischen Bahn ab Paris, die erscheinen uns aber nicht wirklich hilfreich.

REISEZEIT | KLIMA | WETTER

So vielfältig wie das Land, so vielfältig sind auch die Reisezeiten für die vielen unterschiedlichen Regionen. Grundsätzlich ist Spanien ein Ziel zu jeder Jahreszeit. Jenseits der Pyrenäen locken meist milde Winter und warme Übergangszeiten. Wir haben schon an der Küste Andalusiens im T-Shirt Silvester gefeiert und uns andererseits im Juni in den Pyrenäen den Allerwertesten abgefroren.

Grundsätzlich würden wir für die meisten Ziele das Frühjahr und den Frühsommer von April bis Juni empfehlen sowie den frühen Herbst von September bis Ende Oktober. Die beiden Sommermonate Juli und August sind oft und in weiten Teilen Spaniens extrem heiß, in Andalusien wird es schon mal deutlich über 40 Grad. Zudem sind das die Hauptreisemonate und viele Regionen sind dann überfüllt und es geht recht hektisch zur Sache.

An der südwestlichen und südlichen Mittelmeerküste lässt es sich auch über die Wintermonate perfekt Motorradfahren. Während es zu Hause eiskalt regnet oder schneit, kann man hier die Sonne genießen und bei angenehmen Temperaturen entspannt reisen. Geht es im Hinterland in die Berge, wird es allerdings auch schnell recht frisch. Dann sollten ein paar warme Sachen in Gepäck nicht fehlen.

Der Nordwesten Spaniens, speziell Galicien, ist übrigens nicht umsonst so grün. Mit einer Durchschnittstemperatur von 19 Grad und reichlich winterlichen Niederschlägen gilt Galicien als eine der kältesten Regionen Spaniens und ist von November bis März entsprechend unattraktiv.

Im Hochgebirge, egal ob Pyrenäen, Sierra Nevada oder Picos de Europa, haben wir schon alle Jahreszeiten an einem einzigen Tag erlebt. Die regionalen Unterschiede und die schnellen Wechsel sind dort bisweilen

erstaunlich. Generell gilt, wie immer in den Bergen, am besten auf alles vorbereitet sein, Regen erwarten und sich über Sonne freuen.

UNTERKUNFT

In Spanien werden alle Arten von Übernachtungsmöglichkeiten angeboten. Einen Platz für die Nacht zu finden, ist normalerweise relativ einfach. Wir haben damit noch nie ein Problem gehabt. Es sind eine große Zahl Hotels und sogenannte Casas Rurales am Straßenrand ausgeschildert. Kleine, familiär geführte Hotels und restaurierte Dorf- und Landhäuser lassen den Massentourismus außen vor.

Konventionelle Unterkünfte gibt es in Hülle und Fülle. Neben normalen Hotels auch einfache „Fondes“ und „Pensions“ oder schlichte „Hostals“, die aber durchaus Atmosphäre haben können. Letztere sind meist Unterkünfte in Landhäusern oder Bauernhöfen.

Einzig in den Hauptferienmonaten Juli und August kann die Suche länger dauern. Dann ist es hilfreich, Unterkünfte vorher zu reservieren. Das Gleiche gilt natürlich auch, wenn man mit einer größeren Gruppe unterwegs ist. Buchungen funktionieren problemlos über die oben genannten Internetseiten oder die einschlägigen Portale wie **www.booking.com**.

Spontanes Übernachten sollte allerdings wie gesagt ein wenig abseits der Hauptorte das ganze Jahr über möglich sein. In den jeweiligen Kapiteln haben wir hilfreiche Tipps zur Übernachtung angegeben, die uns gut gefallen. Das offizielle **„OFICINA DE TURISMO“** in fast jedem touristischen Ort hilft gerne mit Auskünften und Vermittlungen weiter.

In Spanien macht zunehmend der sogenannte **„TURISMO RURAL“**, der Landtourismus, Furore. Nicht zu verwechseln mit den deutschen „Ferien auf dem Bauernhof“, bietet diese Form des Urlaubes Übernachtungen in ländlicher Umgebung. In durchaus komfortablen und ansprechenden Unterkünften bleibt dabei Muße für gutes und regionaltypisches Essen und Trinken.

In ganz Spanien gibt es eine große Zahl sehr schöner Campingplätze in allen möglichen Größen und Ausstattungen. Dabei unterscheiden sich die Campingplätze bisweilen erheblich voneinander in der Qualität, dem Konzept und den Preisen. Manche Plätze sind recht einfach ausgestattet, aber dafür auch recht preiswert, andere liegen im obersten Preissegment und bieten Vollausstattung und ein riesiges Angebot. Während der Feiertage, in den Ferien und am Wochenende wird auf den Plätzen oft mit der ganzen Familie gefeiert – das kann dann laut und spät werden.

UNSER TIPP: Erstmal eine Runde über den Platz drehen und schauen und dann erst in die Rezeption.

Literatur | Reiseführer | Karten

Für den Überblick über Spanien und die Anreise durch das Land ist die **MICHELIN NATIONALKARTE 734** im Maßstab 1:1.000.000 sehr gut geeignet. Sie kommt mit einem Ortsverzeichnis, Entfernungstabelle und touristischen Hinweisen und kostet Euro 9,99. ISBN 978-2067218925

Sehr praktisch und detailgenau ist der **MARCO POLO REISEATLAS SPANIEN** im Maßstab 1:300.000. Er bildet Spanien komplett ab, beinhaltet viele Stadtpläne und hat eine Spiralbindung, die einzelnen Seiten lassen sich so einfach heraustrennen und nach Belieben falten und passen somit auch ins Kartenfach des Tankrucksacks Euro 14,99.

ISBN 978-3829736893

Wer es ganz genau wissen möchte, greift zu den perfekten **MICHELIN ZOOM KARTEN**. Die decken zahlreiche Regionen Spaniens im Maßstab 1:150.000 ab und zeigen alle Details, inklusive Ortsverzeichnissen und Stadtplänen. Sie kosten fast alle 7,99 €, es gibt sie auch oft vor Ort.

PRAKTISCHES, LINKS

Wer einen Schutzbrief des ADAC oder eines anderen kompetenten Automobilclubs hat, dem wird in der Regel zuverlässig bei allen Notlagen geholfen. Uns wurde beispielsweise in der Region Murcia ein örtlich nicht verfügbarer Ersatzreifen für das Motorrad innerhalb von 24 Stunden per Kurier ohne weitere Kosten geschickt. In echten Notfällen helfen darüber hinaus die Vertretungen der Heimatländer weiter:

GENERALKONSULAT DER BUNDESREPUBLIK DEUTSCHLAND
Torre Mapfre, C/ de la Marina 16-18,
08005 Barcelona
T. +34 932 92 10 00

GENERALKONSULAT DER BUNDESREPUBLIK DEUTSCHLAND
Bloque Sur, C/ Mauricio Moro Pareto 2-5
29006 Málaga
T. +34 952 36 35 91

ÖSTERREICHISCHES KONSULAT
Marie Cube 7
08006 Barcelona
T. +34 93 368 60 03

GENERALKONSULAT DER SCHWEIZ
Gran Via de Carlos III 94
08028 Barcelona
T. +34 93 409 06 50

INTERNET

www.spain.info ist das sehr informative, offizielle spanische Tourismusportal. Es ist auch deutschsprachig, gibt unzählige Tipps und praktische Infos, schlägt lohnende Ziele vor und es lassen sich Unterkünfte buchen.

www.red2000.com bietet Interessantes für alle Spanienreisende.

www.andalucia.org und **www.andalusien-web.com** informieren speziell über Land und Leute in Andalusien.

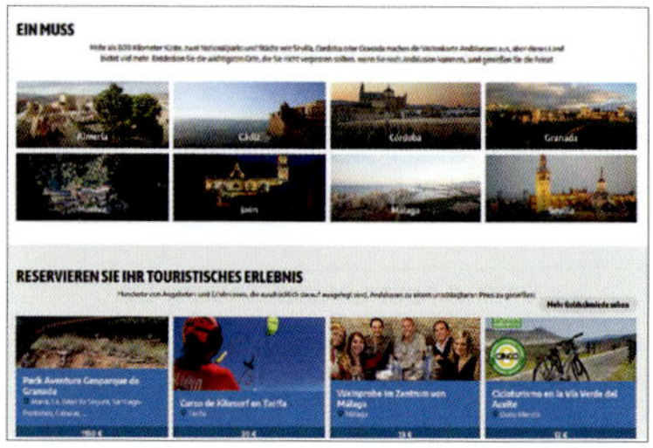

www.spanien-abc.com wird derzeit überarbeitet, bietet aber dennoch viele hilfreiche Tipps und Informationen für Spanienreisende.

www.turismo.gal ist die informative Seite der Galicien-Touristik, wie alle hier aufgeführten Seiten ebenfalls auch deutschsprachig.

Sehr hilfreich sind in Spanien natürlich auch die örtlichen Touristinfo-Büros, die häufig in größeren Orten existieren. Hier gibt es Infos, Broschüren, Karten und freundliche Hilfe bei der Suche nach Unterkünften, Campingplätzen und mehr.

Kleiner **Sprachführer**

Für eure Motorradreise nach Mallorca sind hier die wichtigsten Begriffe und Redewendungen in Spanisch zusammengestellt.

Hinweise zur Aussprache | Sonderzeichen:

c vor a-o-u	K	
ñ	nj	(z.B. baño = banjo)
c vor e - i	wie th im Englischen	
ch	sch	
ll	j	(z.B. llover = jover)

VERSTÄNDIGUNG

ja / nein	si / no
was / wann / wo/ hier	Que / cuando / donde / aquí
Sprechen Sie Deutsch?	Habla aleman?
Haben Sie mich verstanden?	Me ha entedido?
Ich habe verstanden.	He entendido
Ich habe das nicht verstanden.	No he entendido

BEGRÜSSUNG | VERABSCHIEDUNG

Hallo	Hola
Guten Tag / Abend	Buenos dias / buenas tardes
Wie geht es Dir / Ihnen?	Como estas? / Como esta Usted?
Auf Wiedersehen / tschüss	Adios / hasta luego

KENNENLERNEN

Ich heiße…	Me llamo
Wie heißt Du / heißen Sie?	Como te llamas? Como se llama?
Woher kommst Du / kommen Sie?	De donde vienes? De donde viene?
Ich komme aus Deutschland / Österreich / der Schweiz	Vengo de Alemania/ vengo de Austria/ vengo de Suiza

HÖFLICHKEIT

Bitte	por favor
(Vielen) Dank (e)	gracias
Könnten Sie mir bitte helfen?	Podría ayudarme?
Entschuldigen Sie!	Perdone!
Das macht nichts!	no pasa nada

NOTRUFNUMMERN IN FRANKREICH (números de emergencía)

091 (pollicia) | 112 (bomberos) | 112 (ambulancia)

UNTERKUNFT

Wo ist die Touristeninformation?	Donde está la información turistica?
Können Sie mir ein gutes Hotel / preiswertes Hotel / eine Pension / eine Privatunterkunft empfehlen?	Me podría recomendar un hotel bueno / un hotel economico/ un alojamiento privado?
Wie komme ich dorthin?	Como puedo llegar ahí?
Haben Sie ein Einzelzimmer / Doppelzimmer frei?	Tiene una habitación individual / una habitación doble?
Wie viel kostet es?	Que es el precio? Cuando cuesta?
Ich nehme es!	lo tomaré

WETTER

Was sagt der Wetterbericht?	Que dice el boletín meteorológico?
Es wird schön / warm / heiß / schwül / kalt / schlecht	El tiempo será bien / caliente / caluroso / bochornoso / frío / mal
Es wird regnen	lloverá
Es wird ein Gewitter kommen	habrá tormenta
Sonne	el sol

RUND UMS BIKEN

Anlasser	el arrancador
Auspuff	tubo de escape
Ersatzteil	piezas de recambio
Führerschein	permiso de conducir
Zoll	duana
Grenze	fronters
Helm	csco
Kreuzung	cruze
Licht	luz
Maut	peaje
Öl	aceite
Parkplatz	aparcamiento
Reifen	ruedas
Reifendruck	presión de neumáticos
Schlüssel	llave
Straße	calle
links / rechts / geradeaus	izquierda/ derecha/ recto
weit	lejos
zurück	hacia atrás

FÄHRE

Wann fährt die nächste Fähre nach…ab?	A que hora sale el proximo ferri a...?
Wie lange dauert die Überfahrt nach…?	Cuando dura la pasada?
Wann legen wir in…an?	Cuando llegarémos a...?

UNTERWEGS

Entschuldigung, wo ist…?	Perdone, donde esta ...?
Wie komme ich zu / nach…?	Como puedo llegar a...?
Können Sie mir das bitte auf der Karte zeigen?	Podría enseñarmelo en le mapa?
Wie weit ist es?	Que lejos esta?
Wie viele Minuten mit dem Motorrad?	Cuantos minutos en moto?
Ist das die Straße nach…?	Es está la calle/ carretera a.../
Wie komme ich zur Autobahn?	Como puedo llegar a la autopista?
Wo kann ich mein Motorrad abstellen?	Donde puedo aparcar mi moto?
Wie hoch ist die Gebühr für ein Motorrad?	Que es la tarifa para una moto

ESSEN UND TRINKEN

essen / trinken	comer / beber
Wo gibt es hier ein preiswertes / typisches Restaurant?	Donde hay un restaurante económico/ típico cerca? cerca?
Einen Tisch für … Personen bitte!	Por favor una mesa para... Personas
Die Speisekarte bitte!	El menú/ la carta por favor
Kann ich noch etwas Warmes zu essen bekommen?	Todavía podría comer algo caliene?
Ich möchte nur etwas trinken.	Solo quiero beber algo
Die Rechnung bitte!	La cuenta, por favor
Suppe	la sopa
kalte / warme Vorspeisen	entremeses frios/ calientes
Fleischgerichte	platos de carne
Fisch	pescado
Gemüse	verduras
Beilagen	acompañamientos
Käse	el queso
Brot	el pan
Bier	le cerveza
Rot-/Weißwein	vino tinto/ blanco
Kaffee	el café
Wasser	el agua
Tasse	la taza
Glas	el vaso
Teller	el plato

Messer	el cuchillo
Gabel	el tenedor
Löffel	la cuchara
Frühstück	el desayuno
Mittagessen	la merienda
bestellen	pedir

RUND UM DIE PANNE / DEN UNFALL

Bitte helfen Sie mir!	Por favor, ayudeme!
Ich habe kein Benzin mehr	No tengo gasolina
Wo ist die nächste Tankstelle?	Donde está la gasolinera mas cerca?
Ich habe eine Reifenpanne	Tengo la rueda pinchada
Ich habe eine Motorpanne.	Tengo una avería del motor
Die Batterie ist leer.	la batería está vacia
kaputt	roto
Wie teuer wird die Reparatur ungefähr sein?“	Que va a costar aproximadamente la reparatura?
Machen Sie bitte nur das Nötigste.	Por favor aregle solo lo más necesario
Wann ist es fertig?	Cuando estará terminado?
Wo ist die nächste Werkstatt?	Donde está el taller mas cerca?
Es ist nicht meine Schuld!	no es mi culpa!
Ich hatte Vorfahrt!	Yo tenía preferencia de paso
Sie sind zu schnell gefahren!	Usted iba demasiado rápido!
Es ist ein Unfall passiert.	Hay una acidente
Zeuge	testigo
Ich bestehe darauf, die Polizei zu rufen!	Insisto a llamar la policia!
Rufen Sie bitte schnell die Polizei / die Feuerwehr / einen Krankenwagen	Por favor llame rápidamente la policia/ los bomberos/ una ambulancia

GRUNDZAHLEN

0	zero	10	diez	20	vente
1	uno	11	once	21	ventiuno
2	dos	12	doce	22	ventidos
3	tres	13	trece	25	venticienco
4	cuatro	14	cuatorce	50	cinquenta
5	cinco	15	quince	100	cien
6	seis	16	dieciséis	500	quinientos
7	siete	17	diecisiete	1000	mil
8	ocho	18	dieciocho	2000	osmil
9	nueve	19	diecinueve	10000	diezmil

1. Auflage | © 2021

HERAUSGEBER

TVV Touristik-Verlag GmbH | Werner Henschel Str. 2 | D-34233 Fuldatal-Ihringshausen
Tel.: +49 - (0) 561/400 85 - 0 | Fax: +49 - (0) 561/400 85 - 21
info@bikerbetten.de | www.bikerbetten.de

Vertretungsberechtigter Geschäftsführer: Peter Schmitz, Jan-Uwe Schmitz
Registergericht: Kassel | Registernummer: 13254
Umsatzsteuer-Identifikationsnummer gemäß § 27 a Umsatzsteuergesetz: DE813611060

REDAKTION Hans Michael Engelke, www.engelke.tv

FOTOS Angelika und Hans Michael Engelke, www.engelke.tv

UMSCHLAGGESTALTUNG TVV Touristik-Verlag GmbH

KARTENBASIS Printmaps.net / OSM Contributors

ROUTEN Hans Michael Engelke, www.engelke.tv

PRODUKTION MoTourMedia, Wuppertal

LEKTORAT Snežana Šimičić, Wuppertal

DRUCK UND WEITERVERARBEITUNG Silber Druck OHG, 34253 Lohfelden

Die GPS-Daten gibt es zum kostenlosen Download auf **bikerbetten.de**

Alle Angaben dieses Werks wurden von dem Autor sorgfältig recherchiert.
Für die Richtigkeit der Angaben kann jedoch keine Haftung übernommen werden.

ISBN 978-3-96599-017-3

WWW.BIKERBETTEN.DE